NOTICE HISTORIQUE

SUR

ARGUEL

(Somme)

PAR P.-L. LIMICHIN

REIMS

IMPRIMERIE DE L'ACADÉMIE (N. MONCE, Dir.)

Rue Pluche, 24.

1896

ARGUEL

NOTICE HISTORIQUE

SUR

ARGUEL

(Somme)

Par P.-L. LIMICHIN

REIMS

IMPRIMERIE DE L'ACADÉMIE (N. Monce, Dir.)

Rue Pluche, 24.

1896

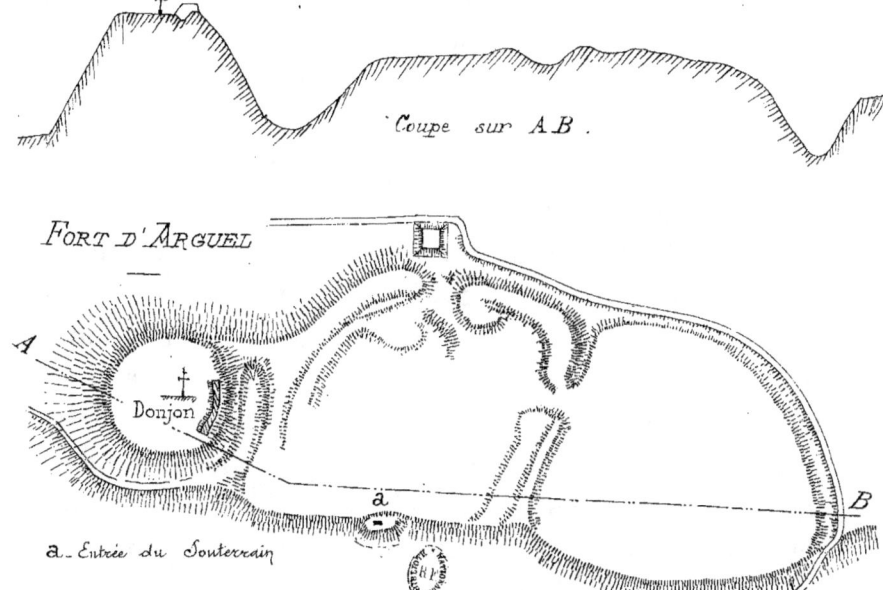

NOTICE HISTORIQUE SUR ARGUEL

Arguel; sa Population. — Arguel en 1763. Productions du pays, etc.

Sur la rive droite du Liger, vis à vis du plateau de Beaucamps et de la vallée du Vaudier, s'élève une colline crayeuse qui s'avance presque à pic dans la vallée en formant une courbe assez prononcée. C'est sur cette hauteur d'un aspect aride, où l'herbe croît avec peine à côté de quelques maigres genevriers, qu'est située la commune d'*Arguel*.

Jadis, *Arguel* était une ville assez importante ; elle comptait plus de deux mille habitants, avait des remparts et une forteresse qui relevaient directement du roi. Depuis sa destruction, arrivée il y aura bientôt cinq cents ans, *Arguel* n'a jamais pu reconquérir sa grandeur passée, et il semble que, du jour où ses murs furent rasés et son château détruit, les ruines de cette malheureuse cité demeurèrent comme dévouées à la malédiction du ciel !

Durant les trois siècles qui suivirent cette catastrophe, *Arguel* fut réduit à une population variant entre 7 et 50 personnes. Le manuscrit de Pagès nous apprend qu'en 1700 il y avait dans ce village 60 habitants. Quatre-vingt-trois ans plus tard, *Arguel* ne comptait que seize feux, et son territoire contenait 630 journaux de terre (1).

(1) *Almanach de Ponthieu*, 1783.

Depuis vingt années, la population d'*Arguel* n'a fait que décroître. En 1880, un recensement partiel indiquait 107 habitants ; en 1883, il n'y avait plus que 95 personnes, et aujourd'hui la population est de 93 âmes, réparties dans 29 maisons et formant 31 ménages, — 36 électeurs (1). L'école mixte reçoit une moyenne de 4 à 5 élèves. Il n'y a guère qu'un conscrit par an.

La superficie territoriale d'*Arguel* est de 254 hectares, dont 215 en culture. Avant 1833, le territoire avait 300 hectares de plus ; à cette époque, la forêt d'Arguel dont la contenance était évaluée à 280 hectares, et 31 journaux de terre qui dépendaient d'*Arguel* et se trouvaient entièrement séparés de cette commune, furent réunis à Neuville-Coppegueule (2).

Nous donnons la description d'*Arguel* en 1763, d'après un manuscrit rédigé en vue de l'imposition de la taille et cité par M. Alcius Ledieu dans son ouvrage, *La vallée du Liger et ses environs* :

« *Arguel*, dont le roi est le principal seigneur ; le sieur Ternisien d'Ouville y a un fief et y demeure ; 21 feux. Il n'y a ni ferme ni hameau qui en dépende. *Arguel* est situé sur le haut de la côte au bas de laquelle est la vallée de Liomer (3). Le terroir, partie en plaine, partie en côte ; la nature des terres est différente suivant leur situation ; productions ordinaires du pays. Tout *Arguel* est de l'élection de Ponthieu ; n'a

---

(1) 74 habitants en 1806, — 94 en 1817, — 96 en 1837.

(2) D'après la tradition, le larris de Saint-Aubin appartenait autrefois à *Arguel*.

(3) La vallée du Liger est appelée dans certains actes *Vallée de Liomer*, de même que le Liger est désigné dans une charte de 1208 sous le nom de *Riveria de Arguel*.

d'autre route qui l'avoisine que le chemin d'Abbeville à Aumale, qui passe à peu de distance de ce lieu. Point de laboureurs, les habitants sont tous journaliers. Il n'y a point de moulin. Les habitants ont un droit d'usage dans le bois, qui consiste dans la délivrance de vingt-cinq verges de bois de basse futaie par an pour chaque ménage. Ni revenu, ni foire, ni marché. Le pied de taille est de 100 livres ; 63 journaux de bois sur ce terroir. »

Le village d'*Arguel* fait partie de l'arrondissement d'Amiens, et est distant de cette ville de 40 kilomètres.

Hornoy, son chef-lieu de canton, est à 8 kilomètres.

Bureaux de poste et télégraphique : Liomer.

Bureau de perception : Beaucamps-le-Vieux.

Brigade de gendarmerie et justice de paix : Hornoy.

Autrefois *Arguel* était de l'élection de Ponthieu et de la généralité d'Amiens.

Les recettes ordinaires de la commune atteignent 1,308 fr., la valeur du centime est de 12 fr. 37 ; centimes additionnels ordinaires : 66 ; extraordinaires : 12. Bureau de bienfaisance dont le revenu annuel est de 445 fr.

En 1760, l'assiette de la taille était de 108 livres 14 deniers, et le pays payait, pour la capitation, 104 livres 17 sous 10 deniers ; l'impôt du sel montait à 96 livres (1).

Une grande partie de la population s'occupe de la culture des terres et de l'élevage des animaux de boucherie. Il n'existe aucune industrie ; quelques personnes seulement sont employées à l'importante usine Neveu, située au Quesne.

Le territoire d'*Arguel* produit l'orge, le blé, l'avoine,

---

(1) Archives d'*Arguel*.

les fourrages. Le rendement des pommes à cidre est d'environ 110 hectolitres.

Le village confine aux communes de Saint-Maulvis, Fresneville, Villers-Campsart, Liomer, Le Quesne, Saint-Aubin-Rivière et Andainville.

Lieuxdits. – Les principaux lieuxdits d'*Arguel* sont :
Le Bois du Forestel, le Larris-du-Charron. Entre le bois et le chemin de Liomer à Andainville; la Cavée, le Patis-Quatrelivres, au Chemin-de-Liomer à Andainville, les Vingt-Sept, les Quatre-Malbroucks, les Douze-au-Chemin-d'Andainville, les Quinze, Au-dessous-des-Quinze, le Parc-à-Vaches, le Buisson-Boinet, l'Épinette, les Dix, au Moulin-de-Fresneville, les Six, les Sept, le Fond-des-Douze, les Douze-au-dessous-du-Chemin-de-Fresneville, le Fort d'Arguel, la Plaine, Sentier de la Loterie à Andainville, Ruelle-du-Charron, Ruelle-Derrière-les-Haies, Ruelle-Grand'Mère-Leuillier, la Voie-Guillaume, Chemin-Fausse-Cavée.

École. — L'ancienne école d'*Arguel* datait de 1860 ; elle était construite sur l'emplacement d'un presbytère qui existait avant la Révolution. Ne répondant plus aux besoins actuels, le conseil municipal décida, en 1893, la construction d'une nouvelle école et d'une mairie; il obtint de l'État en 1894 un subside de 9,570 fr., et l'année suivante les travaux furent commencés sur les plans et sous la direction de M. Riquier, architecte départemental.

Puits. — Ainsi que le prouvent certains actes qui parlent des « puys de la communauté d'y celle ville », il y avait autrefois à *Arguel* plusieurs puits ; quelques-uns, renfermés dans l'enceinte du château, fournissaient les eaux nécessaires aux habitants de cette forteresse.

En 1402, les Français comblèrent un certain nombre de puits, et la tradition rapporte que plusieurs centaines de cadavres furent jetés dans les puits du Château.

Pour l'entretien de ses puits, la communauté (1) d'*Arguel* avait autrefois le droit de vendre et d'employer quelques portions de taillis qu'elle prenait dans le Bois-aux-Jurés.

Deux puits se voyaient encore au commencement de ce siècle, l'un était situé dans les dépendances d'une petite ferme, et l'autre servait à la commune. Ce dernier puits, le seul qui existe aujourd'hui, a une profondeur de 80^m. Il suffit à l'alimentation du pays et donne des eaux d'excellente qualité.

Mare. — La mare qui se trouve à l'intérieur du village date de 1875. A cette époque, le conseil municipal d'*Arguel* vota un crédit de 1,200 fr. pour entourer cette mare d'un mur en briques.

Altitude. — 179^m au-dessus du niveau de la mer.

---

(1) La communauté ou la commune. Depuis fort longtemps, ainsi que nous le verrons plus loin, *Arguel* avait une charte communale.

Arguel; étymologie du mot Arguel. — Arguel à l'époque de l'invasion romaine. — Le premier château d'Arguel. — Le château Robert. — Siège d'Arguel. — Destruction de la ville.

I.

L'histoire d'*Arguel* peut se diviser en deux périodes bien distinctes, une période de prospérité, qui s'étend depuis les origines jusqu'en 1402, et une période de décadence, qui comprend les siècles qui suivirent la destruction du château et de la ville.

Arguel paraît avoir une origine très ancienne, que nous ferions volontiers remonter avant l'invasion romaine, à l'époque où la domination gauloise était florissante. Nous n'avons aucune preuve permettant d'établir exactement la date de la fondation d'*Arguel*, mais il y a tout lieu de supposer que ce pays si bien situé, à proximité d'une immense forêt, admirablement défendu par la nature, a du être habité avant l'occupation romaine.

Quelques-uns font venir l'étymologie d'*Arguel* du latin *Argei,* dérivant du grec αργειοι, qui indiquerait que ce lieu était autrefois consacré à une divinité terrible, à laquelle on sacrifiait des victimes humaines.

A l'appui de leur opinion, ils prétendent que toute cette contrée, qui forme ce que l'on appelle le bassin de la Bresle, était jadis couverte d'épaisses forêts, et qu'aux siècles où florissait la religion de Teutatès et d'Esus, le dieu souverain des Gaulois, les vallées du Vaudier et du Liger étaient peuplées de druides et de Celtes, et que la colline où fut plus tard *Arguel* était spécialement dédiée aux dieux de la Gaule. On trouve, en effet, que quelques noms de lieux, tels que : Vaudier *(Vallis Deorum,* vallée des dieux), Le Quesne *(le Chêne),* indiquent que ces parages étaient autrefois consacrés aux divinités gauloises (1).

Cette étymologie d'*Arguel* nous paraît bien compliquée, et nous croyons que le latin *arx,* au génitif *arcis* (αχρα), expliquerait mieux l'origine du mot *Arguel. Arx, arcis,* désignait dans la langue romaine une hauteur, une citadelle ; c'est de là qu'est venu notre vieux français Argine, qui signifiait rempart, défense, et par extension château fort.

La charte de Pépin-le-Bref, donnée en 751, fait mention d'*Arguel* sous le nom latin *Arcas (in pago Vimmao* (Vimmaco) *loca cognominata Horona* (Hornoy), *Arcas* (Arguel). Il est à supposer que le mot *Arguel* remonte à la période gallo-romaine.

Nous trouvons la forme *Archas* dans un acte de 1195.

II.

En l'an 51 avant l'ère chrétienne, après que César eut écrasé les Bellovaques, tué leur chef Corrée, soumis les Ambiens et vaincu les Attrebates, les légions, maîtresses du sol, se dispersèrent peu à peu sur les territoires conquis et y laissèrent de nombreuses traces de leur passage. C'est pourquoi on a souvent retrouvé, dans

---

(1) On a retrouvé, au bas de la montagne d'*Arguel,* des silex taillés qui paraissent dater de l'époque néolithique.

quelques parties de l'Amiénois et du Ponthieu, des emplacements de camps, des voies, des sépultures renfermant des objets de l'époque. A Hornoy, par exemple, il reste des vestiges de l'occupation romaine, et au siècle dernier on voyait encore un fort appelé la bastille de César. Non loin d'Hornoy, le petit hameau de Campsart paraît avoir une origine romaine : on y rencontre un tumulus, des fossés, toute la disposition d'un ancien camp ; le mot *Campsart* (camp de César) semble indiquer le passage du conquérant.

Malgré l'absence de documents, nous sommes portés à croire que le château d'*Arguel* a été édifié sur l'emplacement d'un camp romain. Cette montagne crayeuse qu'entoure en partie le Liger, sorte de promontoire qui se détache si nettement des collines environnantes en s'avançant dans la vallée, protégé de deux côtés par la nature, n'a certainement pas échappé aux envahisseurs essentiellement guerriers, et qui savaient admirablement placer leurs stations militaires *(castra stativa)*.

Les enceintes du château gallo-romain et de la forteresse qui prit sa place vers la fin du xie siècle, et dont il nous reste quelques vestiges, furent élevées sur le pourtour de l'ancien camp romain. Il est facile de s'en convaincre par la ressemblance qui existe entre la disposition actuelle du terrain et celle d'un camp romain. On y retrouve la même forme, les entrées ou portes au nombre de trois (la quatrième devenant inutile se trouvant du côté de la montagne), les mêmes levées de terre et le *vallum* ou fossé qui l'entourait (1).

---

(1) L'emplacement du camp romain était choisi d'avance par un tribun accompagné d'un augure, et les *metatores* en mesuraient

III.

Après la conquête romaine, les vainqueurs utilisèrent certainement cette montagne comme poste d'observation destiné à surveiller la vallée du Liger. A l'époque des grandes invasions, lorsque les légions, écrasées sous la poussée formidable des Barbares, durent évacuer ces stations permanentes, où pendant près de quatre siècles Rome avait cantonné ses troupes, les habitants des vallées gagnèrent les hauteurs et mirent à profit, pour leur sûreté, ces camps admirablement situés et défendus par la nature et la main des hommes.

Les grandes invasions donnèrent naissance à de nombreuses localités; des refuges s'ouvrirent de toutes parts, et les foules éperdues, affolées au milieu de la débâcle générale, s'y retirèrent. Pour s'opposer aux envahisseurs, on éleva sur les points propices à la défense et à l'observation, dans les marais, à l'entrée des ravins, au confluent des rivières, à la pointe des plateaux escarpés et sur les hauteurs, des retranchements destinés à se protéger contre les Barbares. Les fossés qui avaient autrefois servi à abriter les légions furent recreusés, et des haies ou des branchages entrelacés couronnèrent leur ceinture relevée.

C'est à cette époque de trouble et de calamité que, d'après nous, *Arguel* acquit cette importance qui ne fit qu'augmenter pendant les siècles suivants. Quand *Arguel* deviendra plus tard une ville, il ne faudra pas

---

les dimensions suivant la quantité de troupes qu'il devait renfermer. Il était entouré d'un fossé ou *vallum*, et était percé de quatre portes désignées sous les noms de *decumane*, *prétorienne*, *dextra* et *sinistra*. D'après Polybe, le camp romain était carré.

s'étonner d'y trouver une population de près de trois mille âmes. Sous la domination mérovingienne, on y rencontre les traces d'un établissement franck. Les rois possédèrent en toute propriété cette terre qui devait s'étendre au delà du village actuel du Mazis jusqu'auprès d'Hornoy.

Depuis cette époque jusqu'au XII° siècle, *Arguel* releva directement de la couronne royale et n'eut aucune attache avec le Ponthieu et les comtés d'Eu et d'Aumale.

Vers la fin du VII° siècle ou au commencement du VIII°, Childebert III (1), selon toute apparence fit une donation à l'abbaye de Saint-Denis, près Paris, de nombreux biens situés à *Arguel*, à Hornoy et à Vraignes. Ces biens s'étant perdus dans la suite, par la négligence des abbés ou par le malheur des temps, Fulrade (2), quatorzième abbé de Saint-Denis et successeur d'Amalbert, voulut rétablir le temporel de l'abbaye; il alla trouver à Attigny (3), Pépin, encore maire du palais, et lui fit part de son intention. Pépin accueillit favorablement la démarche de Fulrade et chargea deux commissaires, Guichinge et Clodion, de parcourir les diverses provinces, et de faire rentrer dans le domaine de Saint-Denis les biens qui avaient été enlevés par fraude ou par violence.

En 751, dans une charte qui a été conservée, Pépin ratifia solennellement les donations faites par les rois ses prédécesseurs (4). Vingt-cinq ans plus tard, le fils du

(1) Childebert régna de 695 à 711.
(2) Fulrade fut abbé de Saint-Denis de 750 à 784.
(3) Chef-lieu de canton (Ardennes), 1,890 habitants, ancienne résidence des rois de France.
(4) Pépin le Bref fit de nombreuses donations à l'abbaye de Saint-Denis. Selon Suger, ce prince se fit enterrer devant l'église de Saint-Denis, la face contre terre, comme s'il eut demandé grâce éternellement pour les spoliations impies de Charles Martel.

premier Carlovingien, Charles-le-Grand, confirma la charte de son père dans un édit signé de sa propre main et rendu à Kierzy-sur-Oise, le 6 des calendes de juillet de l'année 775 (1).

Il nous a été impossible de retrouver les traces de cette donation; il est probable que l'abbaye de Saint-Denis vendit ou laissa ces biens aux Templiers de la commanderie de Saint-Maulvis (2). Nous croyons que le bois dit de la *Commanderie,* situé sur le territoire de Neuville-Coppegueule, appartenait originairement à l'abbaye de Saint-Denis.

Les chartes de 751 et de 775 nous permettent de constater qu'à cette époque *Arguel* faisait déjà partie du Vimeu.

IV.

C'est vers la fin du ixe siècle ou au commencement du xe qu'il faut placer la construction du premier château d'*Arguel.*

Comme nous venons de le voir plus haut, des travaux assez importants avaient été exécutés sur la colline d'*Arguel* et sur l'emplacement du camp romain. Lorsque les Normands apparurent sur les côtes de la Manche, on songea à se garantir contre ce nouveau fléau et on éleva de toutes parts des forteresses. Un château fut édifié à *Arguel* et quand ces pirates commencèrent leurs incursions dans la vallée de la Bresle on entreprit des ou-

---

(1) Voir cette pièce à la fin de la Notice.
(2) La commanderie de Saint-Maulvis appartenait autrefois aux Templiers. Après la ruine de l'Ordre, elle passa aux mains des Chevaliers de Saint-Jean de Jérusalem.

vrages considérables sur la montagne. Il est permis de croire que quelques bandes de ces Barbares arrivèrent jusqu'à *Arguel,* puisque les historiens signalent leur présence dans le Vimeu et qu'un chant, en vieille langue franque, rappelle une défaite qu'éprouvèrent les Normands à Saucourt en Vimeu (880) (1).

Nous allons essayer de donner la description du château d'*Arguel,* construit du ix° au x° siècle, d'après les documents que nous avons pu recueillir et les quelques travaux que nous avons fait exécuter sur la montagne d'*Arguel.*

Le premier château d'*Arguel* présentait une vaste enceinte rectangulaire entourée d'une palissade en bois, percée de distance en distance de petites ouvertures destinées à la défense. Cette palissade élevée sur le pourtour de l'ancien camp romain avait un développement de près de 300 mètres. Elle possédait trois portes d'une largeur d'environ 8 mètres. Deux de ces portes donnaient accès vers la ville et vers une clôture qui servait de basse-cour, la troisième faisait suite au donjon. Une ouverture pratiquée sur la montagne permettait aux défenseurs de s'enfuir lorsque le danger était trop pressant. Le fossé, creusé de main d'homme, avait une largeur d'environ 15 mètres de la base de la palissade à la crête de la contrescarpe, et la terre qui en avait été tirée servit à l'élévation de l'escarpe et du donjon. Nous ne

---

(1) Le roi Louis, qui commandait l'armée des Francs, « chevaucha en France contre les Normands ». « Consolez-vous, compagnons, dit-il, Dieu m'a envoyé ici. » Alors il prit son bouclier et sa lance et poussa son cheval avec courage. Entonnant son cantique saint, tous chantaient *Kyrie eleison.* Chaoun combattit en héros, mais pas un comme Louis. Il renversait les uns, il perçait les autres; il servait aux païens un breuvage amer. « La puissance de Dieu soit louée : la victoire fut à Louis. »

pouvons encore appeler donjon cette partie de l'ancien château d'*Arguel* où se trouve plantée aujourd'hui la croix.

D'après un certain nombre d'auteurs, le donjon serait de construction normande ; cependant il est permis de supposer qu'il existait autrefois une tour en bois servant de tour du guet et défendue par un poste, quelquefois même par des chiens dressés qui donnaient l'alarme au moindre bruit. Les communications avec la ville, la basse-cour et la tour étaient assurées par des ponts en bois faciles à couper et garnis de défenses extérieures.

Il ne faut point s'étonner de trouver dans ces constructions cet emploi considérable du bois. Un auteur consciencieux du ixe siècle, Ernold-le-Noir, rapporte que de son temps les forteresses les plus importantes n'étaient guère entourées que de palissades et de fossés. D'après le *Polyptique d'Irminion* publié par M. Guérard, les *paxilli fissi* étaient très usités au ixe siècle pour les clôtures des cours, des menses et des châteaux. Ils étaient faits avec des pieux fendus, comme l'indique l'expression latine.

La cour intérieure contenait les logements du maître et de sa famille, ainsi que ceux des hommes chargés de la défense ; on y rencontrait des écuries et un puits. A l'est, le château communiquait par un pont-levis avec une enceinte extérieure munie de palissades et de fossés ; on peut encore retrouver l'emplacement de cette enceinte, qui servait ordinairement de basse-cour et que l'on désignait sous le nom de *bel* ou *baille*.

Ces constructions qui paraissent si primitives étaient cependant suffisantes pour résister à une attaque. Les fossés et l'escarpe rendaient l'approche difficile, et avant d'arriver à la palissade il fallait combler le fossé.

Le château d'*Arguel* ne pouvait être investi que de trois côtés à la fois ; le quatrième, qui fait face à la vallée du Liger, constituait une défense naturelle, inaccessible, formidable, où il était impossible de concentrer une attaque et où les machines à fronde ne donnaient aucun résultat.

Vis à vis de la forteresse se développait une forêt immense, impénétrable, qui couvrait entièrement le plateau de Beaucamps et s'étendait alors jusqu'au Liger. Cette rivière qui entoure de ses nombreux replis le pied de la montagne formait à cette époque une ceinture à peu près infranchissable. Au Nord, à l'Est et à l'Ouest, la colline presque entièrement boisée était inabordable, et il fallait une audace extrême pour oser tenter les approches du fort.

V.

Sur la fin du xie siècle, le château d'*Arguel* ne répondant plus aux exigences de l'époque, fut rasé, et sur son emplacement on construisit le château *Robert*, ainsi désigné par la tradition du nom d'un seigneur d'*Arguel* qui jeta les bases de la nouvelle forteresse. Robert ne paraît être autre que le fameux Renouard d'*Arguel,* que l'on voit figurer parmi les chevaliers qui suivirent Godefroy de Bouillon à la croisade.

Ce château, plus considérable que l'ancien, comprenait, outre l'enceinte dont nous avons déjà parlé, quelques ouvrages avancés placés à l'ouest de la montagne. La palissade qui existait fut remplacée par un mur de plusieurs mètres d'épaisseur, et d'une solidité à toute épreuve. Ce mur flanqué de tours présentait un développement de 400 mètres, et était fait suivant le mode romain d'un blocage de silex noyé dans un bain de mortier très dur et très grossier. Extérieurement, il était revêtu d'une maçonnerie composée d'énormes blocs de craie retirés des flancs de la montagne et des immenses souterrains creusés sous le château et la ville d'*Arguel*. Un de ces souterrains, selon la tradition, allait de la forteresse d'*Arguel* à l'église Notre-Dame d'Airaines, en passant par le château Ponthieu, situé à proximité ; un autre se dirigeait vers le hameau du Forestel, un troisième descendait en pente douce vers le Liger, et permettait aux habitants du château d'aller abreuver leurs chevaux à la rivière.

Outre ces souterrains, des galeries ont dû exister à la base du mur, pour reconnaître et arrêter le travail du mineur qui se serait attaché au pied de l'escarpe. Ces galeries devaient prendre entrée sur certains points de la défense intérieure après de nombreux détours, qu'il était facile de combler dans le cas où l'assaillant se serait emparé d'un de ces couloirs.

Les ouvrages avancés que nous avons précédemment signalés, et qui complétaient la défense du château d'*Arguel*, consistaient en une muraille très élevée qui venait rejoindre le mur d'enceinte de la forteresse, après avoir longé la haie actuelle du sentier qui conduit au Calvaire et une partie du chemin qui descend au Quesne. Cette muraille protégeait du côté de la ville et de la vallée le donjon entouré d'un fossé et s'élevant majestueusement à plus de trente mètres au-dessus de la montagne. Le donjon communiquait avec les autres parties du château à l'aide de ponts-levis en bois que l'on pouvait lever dans un moment de surprise. Il avait la forme d'une tour et comprenait plusieurs étages munis de créneaux, qui laissaient aux défenseurs la liberté de se servir utilement de leurs armes tout en se mettant à l'abri de l'ennemi.

La partie inférieure du donjon renfermait une chambre très vaste servant à loger les vivres et les munitions. Cette chambre, dans laquelle se trouvait un puits, était pourvue d'un escalier qui assurait le service avec les étages supérieurs. Elle est aujourd'hui en partie remplie de terre et de cailloux mêlés à des débris de vases, d'ossements humains et de craie calcinée, ce qui prouve évidemment que cette chambre a été comblée après la prise du château par les Français, qui rasèrent la forteresse et démolirent le donjon, ne laissant que ce pan de mur qui subsiste encore, sans doute pour attester à jamais leur victoire ou pour servir de monument aux malheureuses victimes qui périrent pendant ce terrible siège ! (1).

Le seul document qui nous reste concernant le château d'*Arguel*, détruit par les Français en 1402, est un bas-relief conservé précieusement dans l'église de Villers-Campsart, et qui a servi autrefois de retable.

Nous sommes portés à croire que la forteresse représentée dans cette œuvre intéressante n'est autre que celle d'*Arguel*. La position du château, la forêt qui l'avoisine, le cerf que l'on aperçoit au-dessus de l'enceinte fortifiée et qui figure dans les armes d'*Arguel*, cette Marie-Madeleine étendue au pied du mont et qui représente allégoriquement la maladrerie d'*Arguel*, dédiée à sainte Marie-Madeleine, ce lépreux que l'on voit sur l'un des côtés du bas-relief, revêtu du manteau

---

(1) La partie inférieure du donjon renferme une voûte magnifique construite en cailloux taillés, disposés avec tant de régularité que l'on se croirait en présence d'une voûte en pierre. Cette voûte a plusieurs mètres d'épaisseur.

à capuchon et de l'esclavine, tenant entre ses mains un voile ou une clochette, ne laissent aucun doute à ce sujet (1).

D'après le retable de Villers-Campsart, le château d'*Arguel* comprenait un vaste amas de constructions entouré d'une enceinte fortifiée qui pouvait avoir plus de 25 mètres de hauteur, ce qui n'est pas une exagération, puisque le sculpteur du bas-relief n'a pas représenté la *motte* (le mont) sur laquelle on avait placé le donjon, preuve qu'elle était invisible ; or, cette motte, telle qu'elle existe aujourd'hui, a près de 20 mètres d'élévation au-dessus de la montagne. On ne peut se faire une idée de cette immense construction qui fut bâtie en quelques années, mais qui, au dire de la tradition, coûta la vie à des centaines d'hommes. Toute la population d'*Arguel* fut employée aux travaux, et après l'achèvement de cette forteresse, cette même population dut creuser un fossé et élever un mur d'enceinte pour garantir la ville. Ces ouvrages, qui causèrent tant de peines, donnèrent lieu à bien des légendes.

On raconte qu'un jour une pluie de sang tomba sur *Arguel* et que l'eau des puits devint toute rouge ; souvent, la nuit, on voyait circuler dans les fondations du château des globes de feu qui disparaissaient avec l'aurore. Quand le donjon fut terminé, on aperçut à l'occident un vieillard à barbe blanche tourné vers *Arguel* et tenant dans sa main une épée ensanglantée. Après la destruction de la ville, la légende nous montre

---

(1) On voit dans ce bas-relief deux personnages agenouillés sur un prie-Dieu et représentant l'un *Jean de la Rivière*, seigneur de Villers-Campsart et d'Épaumesnil, l'autre *Marguerite de Benserade*, son épouse. On lit sur la partie supérieure de ce retable ces paroles de l'Évangile : « Vous qui péchez, ne vous désespérez pas. »

Arguel hanté de fantômes circulant sur la montagne, appelant les passants ou leur jetant des pierres.

Entre la construction du château et sa ruine il ne se passa rien de bien remarquable, à l'exception toutefois de la visite que fit Philippe-Auguste, en 1202, à son beau-frère, Guillaume III, comte de Ponthieu, époux d'Alix de France.

La prise d'*Arguel* et sa destruction eurent lieu en 1402.

Quelques auteurs, se basant sur certaines chroniques du xiii° siècle, entre autres la *Chronique* d'Albéric, moine de Trois-Fontaines, celle de Guillaume de Nangis et l'*Histoire de Philippe-Auguste* par le moine Guillaume, placent la ruine d'*Arguel* en 1202.

Les textes mal interprétés ont amené la confusion d'*Arguel* avec *Argueil*, chef-lieu de canton de la Seine-Inférieure, et même avec Arques. En effet, les formes latines de ces deux localités sont identiques à celle d'*Arguel*; cependant, en prêtant attention au récit des chroniqueurs du xiii° siècle, il est facile de reconnaître l'erreur et de voir, par les nombreuses citations de lieux très rapprochés les uns des autres, qu'il s'agit de la guerre de Philippe-Auguste en Normandie.

Les deux pièces suivantes, tirées de l'*Ancien Coutumier* inédit de Picardie, par M. Marnier, suffiront à démontrer que la forteresse d'*Arguel* ne fut pas détruite en 1202, puisqu'elle existait encore en 1317 :

« E en droit Colart de Lastelier et Mikelet de Pouletier, liquel furrent ajournés de tierch jour en tierch jour au Castel à *Arguel*, pour souspechon de la mort de Jehan de Rue et ne vinrent ni ne comparurent, pour quoy après les dictes journées, wardées souffissamment par hommes ligez, leur maison fut arse (brûlée) et depuis furent radjournés au dit Castel à *Arguel* pour le dicte souspechon, sur le première quinzaine, seconde et tierche, et furent mis en deffaut, et ment ne se comparurent et depuis ont été radjorné à ceste assize sur aulz banir, ou se venissent comparoir. Les quelez journées tant dez adjournemens comme des deffaus estre wardées et données souffisamment ont este temoingniés par homes liges de le dicte castellerie. Et en cheste presente assize ont este appelés li dessus dit Colart et Mikelet pour le dicte souspechon, liquel ne sont venu ne comparut, pourquoy terminé est par jugement que li dit Colart et Mikelet sont banni sur le hart de le comté de Ponthieu (1). »

Assize tenue à Abbeville, par monseigneur Villaume de Hairouval, senescal de Pontieu, lundi après sainct Pierre et sainct Paul en jule, l'an XVII (1317), presens pers et hommes. De homme bani de la court de Pontieu, comment se sires gorra del hiretage qu'il tenoit de li avant qu'il fust banis (1).

« Sur che que li castellains de *Arguel* avoit rechut les biens Colart de Lastelier depuis che que li dis Colarz avoit este banis de le conté de Pontieu, et li sires de qui li dis Colarz tenoit en son yretage les demandoit a avoir depuis le ban fait, et estoit nommé messire Guerin de Biamai. Terminé est par jugement que li castelains rendra conte des dis biens au recheveur de Pontieu, de l'anée que li diz Colarz fu banis. Et depuis l'anée passée li dis castelains ostera se main des biens qui apparte-

---

(1) Cette sentence de bannissement fut rendue pour cas de soupçon de crime.

(2) Les biens du banni appartenaient au seigneur de qui il les tenait, sauf le revenu de l'année de la condamnation, qui appartenait au seigneur de Ponthieu.

noient au dit Colart avant le ban et en laira goyr le dit monsigneur Guerin de qui li hyretages est tenus (1). »

Une seconde erreur relative au château d'*Arguel* est due à la fausse interprétation des vers suivants, tirés de la *Branche des royaux lignages*, de Guillaume Guiart :

> Pour le roi Jehan amatir
> Font les murs par terre flatir
> Que nus ne les garantions ;
> Puis prennent Argueil et Lions ;
> Et Mortemer et Laflerté
> Vilains s'enfuirent déserté
> Paour fait leur mal engriger
> François vont Gournay assiéger.

On a conclu de ces huit vers que la forteresse d'*Arguel* avait été donnée en gage pour la rançon du roi Jean le Bon, fait prisonnier à la journée de Poitiers, en 1356.

La traduction de ce morceau de la chronique des *Royaux lignages,* est d'ailleurs contraire à cette opinion, et la méprise est d'autant plus évidente que l'ouvrage de Guillaume Guiart s'arrête à l'année 1307.

Nous ne possédons que très peu de documents concernant la prise d'*Arguel*, et nous nous sommes servi de la tradition et de quelques notes éparses pour reconstituer le siège de cette ville.

Un an après la bataille de Crécy, en 1347 (2), les Anglais s'emparèrent de la forteresse et la conservèrent jusqu'en 1402, époque où une armée française opérant dans cette partie de la Picardie s'arrêta devant *Arguel*,

---

(1) Documents tirés de l'*Ancien Coutumier* inédit de Picardie, par M. A.-J. Marnier, 1300 à 1323.

(2) Les Anglais emportèrent les archives du château d'*Arguel;* une grande partie de ces documents existe encore à la Tour de fer, à Londres.

en fit le siège, et après un épouvantable massacre rasa la ville et ses murailles.

Au nord d'*Arguel* et presque vis à vis la vallée du Vaudier existe une excavation profonde que l'on désigne sous le nom de *Cavée*. Cette sorte de vallon couvert de taillis, encaissé entre deux collines, est dominé de chaque côté par un bois qui s'étend jusqu'au territoire d'Andainville : c'est le *Forestel*. A l'extrémité de ce bois et au sud on rencontre des levées de terre encore considérables, coupées de distance en distance par des fossés ayant la forme d'un cercle ; le diamètre de ceux-ci est assez grand. La tradition place le camp de l'armée française à cet endroit, alors qu'elle assiégeait *Arguel*.

Au commencement de l'année 1402, *Arguel* avait pour défenseur le fameux Jean IV Tyrel, sire de Poix, vicomte d'Esquesnes et maître des terres d'Arcy, d'Artonges, de Blangy et de Croixrault. Jean IV suivait depuis longtemps le parti du duc de Bourgogne et lui était entièrement dévoué. Il avait entraîné dans cette cause Jeannet et Daviot ou David, ses deux frères, et les avait armés contre le roi de France.

Quand les Français apparurent dans la vallée du Liger, Jean IV, assisté de quelques vassaux et d'un certain nombre de troupes, se tenait derrière les hautes murailles du château et défiait avec insolence ses ennemis.

L'arrivée des Français jeta la consternation dans la ville ; les principaux d'*Arguel* essayèrent d'épargner aux habitants les horreurs d'un siège, mais Jean IV, voulant conserver la forteresse à son parti, fit connaître ses intentions et signifia au peuple de s'armer et de s'unir pour la défense commune. La ville attaquée avec vigueur ne put résister : les Français y pénétrèrent à la suite d'un assaut décisif et y mirent le feu. La plupart des maisons étaient alors construites en bois, et c'était une proie facile pour l'incendie, qui en un instant occasionna de grands ravages.

En présence d'ennemis furieux, et au milieu des flammes, la population consternée ne pouvant songer à la fuite, gagna le château, et dans un dernier effort se prépara à la lutte suprême. Le feu s'étendait sur toute la ville, et les habitants, du haut des murailles de la forteresse, contemplaient avec tristesse cet immense embrasement qui dévorait leurs biens et leurs fortunes. Peu à peu s'abîmaient dans les flammes l'église, la maison du maieur (1), et l'incendie atteignait les bois environnants. La terre ne formait qu'un brasier et le ciel tout rouge semblait en feu !

Pendant que les habitations disparaissaient dans les flammes et ne laissaient plus que des décombres fumants, les Français assemblés réunissaient leurs forces contre les remparts du château et comblaient une partie du fossé qui défendait la forteresse du côté de la ville. Après quelques assauts infructueux, les Français, désespérant de s'emparer du château à cause des redoutables retranchements qui en protégeaient les abords et de l'acharnement que mettaient les assiégés, résolurent de saper les murailles et de pénétrer dans l'intérieur du fort au moment d'un assaut général.

La sape achevée et incendiée, le mur s'écroula avec fracas et les troupes assiégeantes pénétrèrent dans la place ; un carnage horrible s'ensuivit, et la soldatesque enivrée par la victoire passa au fil de l'épée tout ce qui avait vie ; les cadavres amoncelés sous les débris fumants de la forteresse incendiée devinrent la proie des flammes, et plus de deux mille personnes périrent. Il

---

(1) Le maieur était le premier citoyen de la cité ; il était chargé de faire respecter la commune et de veiller aux intérêts du pays.

n'y eut, dit la tradition, que douze habitants qui parvinrent à s'échapper.

Jean IV (1), qui avait si vaillamment défendu la ville, fut tué et avec lui tous ses vassaux. Quand les Français « eurent mis le roi en possession de sa conquête, celui-ci n'avait plus à régner que sur un amas de cendres ».

Une légende rapporte que, quelques jours avant la prise d'*Arguel*, le maieur fit descendre les magnifiques cloches de l'église, qui avaient été données jadis par un comte de Ponthieu ; une de ces cloches remplie d'or et d'argent, fut enterrée sur la montagne.

Le légende ajoute qu'après la destruction de la ville on entendait souvent tinter les cloches d'*Arguel*.

Ainsi disparut cette cité.

Depuis 1402, *Arguel* n'a jamais pu se relever du coup terrible que lui portèrent les Français (2).

(1) Jean IV Tyrel avait épousé en 1375 Jeanne du Quesne, fille de Jean et de Marguerite de Liomer.

(2) Des terrassements exécutés vers 1845 au bas de la montagne, près de l'église du Quesne, mirent à jour des ossements humains, des débris de casques, des cuirasses, des lances rongées par la rouille et des fers de chevaux. Il est probable que ce lieu servit de sépulture à quelques guerriers qui firent le siège d'*Arguel*.

Arguel après sa ruine. — Bailliage d'Arguel.

On pourrait clore à l'année 1402 l'histoire d'*Arguel*.
Pendant les quatre siècles qui suivirent la destruction de cette ville, *Arguel*, complétement déchu de son ancienne importance, n'apparaît plus dans aucun document pouvant intéresser l'histoire de cette partie de la Picardie.
Les confirmations de privilèges aux habitants d'*Arguel*, données par les rois Charles VIII et Louis XII, nous apprennent que ce pays, détruit par les Français, resta longtemps « dépopulé et comme inhabité pour lequelle repopuler et réédifier de nouveau autant des ditz habitants et jusqu'au nombre de six ou sept manants s'étoient venu loger en la dite ville d'*Arguel* ».
Une tradition, que nous rapportons sous toutes réserves, dit que ceux qui purent échapper au massacre abandonnèrent pour toujours leur patrie et errèrent longtemps à l'aventure. Après avoir traversé la France et la Bourgogne, ils se retirèrent à quelques kilomètres de Besançon et s'arrêtèrent en un lieu qu'ils appelèrent *Arguel*, en souvenir de leur ancienne patrie.
Les remparts d'*Arguel* et sa forteresse ne furent jamais relevés. Cette ville, après avoir existé plus de cinq siècles avec éclat, perdit successivement son four public, son marché où arrivaient tous les blés du Vimeu, qui se vendaient d'après la mesure d'*Arguel*. Ce marché, autrefois l'un des plus florissants de cette contrée, fut transféré à Liomer par l'ordonnance du roi Charles VIII, datée de Montilz-lez-Tours (février 1490),

« en considération des guerres et divisions qui par cy devant ont eu cours en pays de Picardie » (1).

Durant les quatre siècles qui suivirent la ruine d'*Arguel,* nous n'avons rien de bien intéressant à signaler au lecteur.

Arguel était le chef-lieu d'une prévôté et d'un bailliage très important qui ressortissait d'Abbeville, et suivait la coutume de Ponthieu. Ce bailliage fut réuni dans la suite à celui d'Airaines. En 1765, le bailli d'*Arguel*, Jean-Nicolas Dumont, obtint de Benoît-Alexandre, comte de Mouchy, sénéchal de Ponthieu, l'autorisation d'établir le siège du bailliage d'*Arguel* à Liomer.

« Attendu que nous avons parfaite connaissance que le dit bourg d'*Arguel* est dans une décadence très grande, et qu'on ne peut plus y tenir les audiences. Attendu le peu d'habitants et le défaut de marché dans ce lieu, authorizons le dit sieur Dumont à louer une maison dans le bourg de Liomer, du ressort de cette sénéchaussée, pour y tenir les plaids en ce qui concerne

---

(1) Cette ordonnance commence ainsi : « Charles par la grâce de Dieu roy de France, savoir faisons....

« Nous avons reçu humble supplication de notre aîné et féal conseiller Jehan, seigneur d'Eaucourt et de Lyommerx, contenant que audit lieu de Lyommerx qui est assis en la sénéchaussée de Ponthieu paravant les guerres et divisions qui par cy devant ont eu cours en pays de Picardie, avoit un beau village et bon assis en beau pays et fertil, et près de plusieurs autres bons villages et paroisses, lequel à l'occasion des dites guerres est fort appouvry, diminué et deppopulé et les maisons et eddifices d'y celluy tournez en grand ruine et démolicion, mais il pourroit tantost estre reparé bati et venu en grand convalescence s'il nous plaisait audit lieu créer, ordonner et establir un marché au premier Lundy de chaque mois de l'an auquel jour n'a autre marché au pays ainsi que nostre conseiller et chambellan nous a fait dire et remonstrer en nous humblement requerant nostre grâce et libéralité, etc... »

Arguel seulement. A l'effet de quoy Sa Majesté sera très humblement suppliée d'indiquer au sieur Dumont où on puisse administrer la justice dans le dit baillage d'*Arguel* parquoy le dit sieur Dumont sera tenu de notifier notre presente sentence aux officiers des dits baillages d'Airaines et d'*Arguel,* à l'effet de quoy notre presente sentence sera lue et publiée aux audiences des dits sièges à la requête du procureur du roy des dits baillages qui sera tenu de nous en justifier dans le mois. » (21 avril 1765).

Principaux baillis d'Arguel. — Firmin d'Oisemont, bailli en 1333 ; Firmin Fontaine, 1363 ; Henry Barbery, qui, en 1364, prêta serment de fidélité au roi d'Angleterre pour les deux villes d'*Arguel* et d'Airaines ; Guillaume de la Trenquie, mentionné parmi ceux qui signèrent les coutumes de Ponthieu, 17 octobre 1495 ; Jean David, xviie siècle ; André Duval ; Dumont, etc.

Le bailli avait un lieutenant.

La Commune d'Arguel ; son origine. — Élection des maieur et jurés.— Serment des Communes aux comtes de Ponthieu. — Confirmations des priviléges aux habitants d'Arguel par les rois Charles VIII et Louis XII.

Du xi° au xiv° siècle a lieu, dans le Nord de la France, un grand mouvement en faveur de la liberté. Des villes entières se soulèvent contre l'autorité seigneuriale et réclament, par la négociation ou la menace, l'exemption de certaines charges et l'affranchissement de leurs personnes.

« N'ayant eu jusque là d'autre perspective que d'être déchargés des services les plus onéreux, dit Augustin Thierry dans son remarquable ouvrage sur le *Tiers-État,* homme par homme, famille par famille, les paysans s'élevèrent à des idées et à des volontés d'un autre ordre ; ils en vinrent à demander leur affranchissement par seigneuries et par territoires, et à se liguer pour l'obtenir. Ce cri d'appel au sentiment de l'égalité originelle : « Nous sommes hommes comme eux, » se fit entendre dans les hameaux et retentit à l'oreille des seigneurs, qu'il éclairait en les menaçant. Des traits de fureur aveugle et de touchante modération signalèrent cette nouvelle crise dans l'état du peuple des campagnes. Une foule de serfs, désertant leurs tenures, se livraient par bandes à la vie errante et au pillage ; d'autres, calmes et résolus, négociaient leur liberté, offrant de donner pour elle, disent les chartes, le prix qu'on y voudrait mettre.

« La crainte de résistances périlleuses, l'esprit de justice et l'intérêt, amenèrent les maîtres du sol à transiger, par des traités d'argent, sur leurs droits de tout genre et leur pouvoir immémorial. »

Le mouvement communal, qui s'était fait sentir sur la fin du xii⁰ siècle dans les principales villes du Nord, eut un retentissement jusque dans le Ponthieu. Un comte, Guillaume III, homme doux et pacifique, d'un caractère droit, accorda à quelques localités de sa comté des chartes de constitution et de liberté.

Le 5 octobre 1192, il donna la commune à Hiermont, et en 1199 à Waben. *Arguel* ne l'obtint qu'en 1202, une année avant Saint-Josse.

Nous ne savons en quels termes fut octroyée la charte d'*Arguel;* nous pensons seulement qu'elle était semblable à celle d'Hiermont.

En général, d'après Augustin Thierry, les chartes donnaient l'obligation de se prêter une assistance mutuelle. — La connaissance des cas de vol était attribuée aux échevins. — Le voleur était exposé au pilori. — Tout individu qui troublait des marchands se rendant à la commune était considéré comme violateur de la commune, et ses biens étaient saisis. — Les échevins avaient la connaissance des crimes, des vols, des injures, des meurtres, etc., commis par les jurés ou non jurés contre les jurés, et fixaient la pénalité; — dans les cas graves, le banissement et l'abattis de maison devaient être prononcés contre les coupables. — Il était défendu à un juré de recevoir dans sa maison un ennemi de la commune, sous peine d'être déclaré lui-même ennemi de la commune, et, en cas de refus de soumission, de voir sa maison abattue. — Tout individu, juré ou non, qui excitait la colère du comte ou d'un autre seigneur était expulsé de la ville et on abattait sa maison. — Les propos offensants pour la commune ou pour les échevins, les injures proférées après sentence par un plaideur contre son adversaire étaient jugés par les membres de l'échevinage. — Les jugements prononcés par l'échevinage dans les litiges antérieurs ou postérieurs à l'octroi de la charte étaient rédigés par écrit, et celui qui les taxait d'injustice sans pouvoir le prouver payait une amende de 9 livres et d'une obole d'or.

Dans les chartes octroyées par les comtes de Ponthieu, ceux-ci s'engageaient et obligeaient leurs successeurs et les seigneurs terriens placés sous leur suzeraineté, à n'exiger des bourgeois aucune imposition ni aucun prêt sans donner de gage. Ils abandonnaient au jugement des échevins les cas de forfaiture envers eux ou d'autres seigneurs, soit par actions, soit par paroles. Lorsque se présentait la question de savoir si un individu était juré ou non, la bourgeoisie pouvait se prouver par témoins. — Les contrats de vente, d'achats et autres étaient passés devant les échevins.

Les seuls documents qui nous restent au sujet de la charte d'*Arguel* sont les confirmations des rois Charles VIII et Louis XII. Celles de Charles VIII, en date des 4 juillet 1489 et 21 avril 1491, disent que « de grands temps et ancienneté les feuz comptes de Ponthieu avoient donné aux prédécesseurs bourgeois et jurez du dict *Arguel* plusieurs beaux droicts, prérogatives franchises et libertez, statuts, coustumes et usages, pouvoir, prééminences de créer et eslire par chacun an entre eulz mayeur et échevins, jurez, sergeants et aultres officiers en nombre compétant comme faisoient et ont faict les aultres bourgeois et jurez des aultres villes d'ycelle comté de Ponthieu ayant loi commune et mairie, pour régir et gouverner le police et communaulté d'ycelle ville d'*Arguel* (1). »

---

(1) Confirmation des privilèges aux habitants d'*Arguel* par Charles VIII.

La commune d'*Arguel*, organisée suivant la charte octroyée par Guillaume de Ponthieu, avait à sa tête un maieur et plusieurs échevins ou jurés librement élus par les bourgeois de la ville. « Chacun an, le lundy de Pentecoste », devant le senechal de Ponthieu ou son lieutenant. Tout habitant pouvait demander la bourgeoisie en payant à la « recepte de Ponthieu, pour chacun an, un septier d'avoine, au terme de la Sainct Remy », et à seule fin que le « recepveur pust, plus aisaiment recueillir le dict septier d'avoine », les noms des bourgeois étaient consignés « dans un livre après chaque élection (1) ».

Les habitants d'*Arguel* jouirent paisiblement de leurs franchises pendant vingt-huit ans.

En 1230, Simon de Dammartin, époux de Marie de Ponthieu et héritier de Guillaume III, voulut ramener ses sujets à leur précédente condition de gens taillables et corvéables à merci. Une ligue se forma entre *Arguel*, Ergnies et Saint-Josse, et les maieurs et échevins au nom de ces trois communes protestèrent contre les intentions de Simon et de sa femme Marie. Simon avait alors des difficultés avec le roi, les communes prirent le parti de Louis IX et firent la promesse de l'assister au cas où le comte de Ponthieu n'observerait pas le traité qu'il avait conclu avec lui (2 mars 1230) (2).

(1) Confirmation des privilèges aux habitants d'*Arguel* par Charles VIII.

(2) Voici le texte de la promesse que firent au roi les maieur et échevins d'*Arguel* :

« Ego major et scabini totaque communia de Arguel, notum facimus omnibus presentes litteras inspecturis quod nos promisimus et bona fide juravimus quod si Dominus noster Simon Comes Pontivi vel uxor ejus Maria vel heredes eorum contra conventiones vel donationes quas Domino Regi et heredibus ejus fecerunt, quod Deus avertat. Idem Simon Dominus noster vel uxor

La commune d'*Arguel*, bien que très importante du xiiie au xve siècle, ne nous a laissé que très peu de documents. Rymer mentionne une charte du roi d'Angleterre, dans laquelle figure *Arguel* parmi les villes qui doivent lui prêter serment de fidélité.

Cette charte est ainsi conçue :

« Edward par la grâce de Dieu, ...

« counte de Pontif et de Mustroill (Montreuil), a touz ceus, qui ces lettres verront ou orront, salutz.

« Sachetz que nous avoms establi e mis en nostre lieu nostre chere et feal, Richard de Rokesle nostre seneschal de Pontif e fet nostre leal procureur pur prendre, e receivre les serment et les feautez des maieurs, des eskivins e des communes des bones villes de la dit counté c'est assaver :

« De Abbevill, Rue, Waben, Mareskeneter, Crotoi, Cressy, Seint Gioce, Mustroill, Areins, *Arguel*, Port et Tranleel :

« E de fere a eus serment, pur nous, et en nostre noun, tiel come nous fumes tenu à faire, et que nos auncestres countes de Puntif leur ont fait cea en arrère : De jurer en l'alme de nous en ceo fesaunt e de totes autres choses touchantes les foiautez e les sermentz

ejus vel heredes eorum predicti aliquo modo resilirent vel aliquis eorum nisi infra quadraginta dies postquam Dominus Rex id eidem Comiti vel uxor ejus predicte vel ballivo eorum de Abbatisvilla scire fecerit hoc emendaverint. Nos eidem Domino Regi et heredibus suis contra eos adhereremus nec eis auxilium vel consilium prestaremus, donec ad judicium curie Domini Regis id esset emendatum. Quod ut ratum sit presentes litteras sigilli nostri munimine roboravimus. Actum anno domini M° CC° tricessimo mense martio, dominica post festum beate Mathei Apostoli. » (*Arch. nat.*, J. 395, n° III, orig. parch.)

Cette pièce très intéressante possède le sceau en cire blanche de la commune d'*Arguel*, sa dimension est de 45 millimètres. Le lacs qui le retient est à double queue.

desusditz, fere et dire que nous purroms fere et dire, si nous mesmes estiom present.

« E tout ceo que nostre dit procureur fra et dira es choses desusdites, nous promettons a aver firm e estable.

« En temoignance de ceste chose, nous li avoms fet fere ceste nos lettres pattentes.

« Don.. l'an de grace 1307, le 18 jours de marz. »

Le serment de fidélité se prêtait à chaque avènement. Les maieurs ou leurs représentants, réunis dans une même salle, au château Ponthieu, à Abbeville, levaient la main sur l'évangile, et devant le comte ou le sénéchal prononçaient la formule suivante :

« Ke nous bone fei et leauté vos posteruns et a vos genz contre totes genz, ke purront vivre et morir obeissans serrum a vos Lus-tenanz. »

A cela, le comte ou le sénéchal répondait :

« Ke nous garderuns les corps et les biens de nos gens come de noz homes et leurs chartres, et leurs privilèges ke eus unt de nos ancestres cuntes de Pontif et leurs franchises et leurs usages, ke il purront por leur privilèges acquere, solum les usages de France. »

En 1364, Henry Barbery, bailli d'*Arguel* et d'Airaines, fut chargé de prêter ce serment pour les deux villes qu'il représentait.

Après la ruine d'*Arguel*, la ville presque entièrement dépeuplée resta longtemps sans user des droits et privilèges accordés par les comtes de Ponthieu. Sur la fin du XVe siècle, les « recepveurs du roy » ayant trouvé, sur d'anciens registres, que les manants et bourgeois d'*Arguel* devaient « chacun an pour leur bourgeoisie ung setier d'avoine », voulurent les contraindre à payer ce setier d'avoine. Les habitants s'y étant refusés, sous le prétexte que depuis la destruction de la ville ils ne « jouissaient ny ne possédaient la dicte bourgeoisie et mairie, ni les préeminences et droicts y appartenant », ardessèrent une réclamation au roi par l'entremise du sénéchal de Ponthieu et revendiquèrent leurs anciennes prérogatives.

Ne pouvant produire les titres « qui avoient été perdus et brûles », lors du siège de la ville, le roi Charles VIII fit examiner la demande des bourgeois d'*Arguel,* qui « disoient que leur dicte requestre avoit été entretenue dès longtemps par les rois de France et aultres possesseurs de la dicte comté de Ponthieu, confirmez, verifiez, et entretenus, et a ce moyen avoient yeulx jurez foy por eulx et leurs predecesseurs des dits droits de Mairie et des préeminences et prerogatives y appartenant por tels et si longtemps qu'il n'étoit mémoire du contraire et jusqu'aux guerres et divisions qui ont été le règne du pays contre les Anglois et aultres ennemis du roy (1) ».

Après une longue enquête, dirigée par le procureur royal, il fut reconnu « ayant oy et examiné plusieurs anciennes gens tant en la ville d'*Arguel*, qu'en la dite ville d'Abbeville », que les revendications des habitants d'*Arguel* étaient justes, « ne nous ayant été baillé aucun mémoire du contraire ».

Ces preuves acquises, les 4 juillet 1489, et 21 avril 1491, Charles VIII, roi de France, et plus tard Louis XII, en 1498, confirmèrent « les droicts, franchises libertez et privilèges » dans les mêmes termes et aux mêmes conditions qu'ils avaient été octroyés par Guillaume, comte de Ponthieu. « Les habitants pourront desormais joyr et user de la dicte mairie, loy et commune et des franchises et libertez y appartenant et comme anciennement faisoient leurs prédecesseurs, et en ce faisant pour-

---

(1) Confirmation du roi Charles VIII.

pourront eslire et nommer mayeurs, jurez, eschevins, sergeants et officiers en nombre competent pour la garde, entretiennement et gouvernement du police et justice d'ycelle ville et mairie por la forme et ainsy que faisoient et onts faicts leurs dicts predecesseurs auparavant les dictes guerres et divisions et que font les aultres bourgeois, jurez des aultres villes d'ycelle comté ou il y a pareille loy et commune. »

Les lettres de confirmation des anciens privilèges aux habitants d'*Arguel* « données et accordez à Abbeville, le quatrième jour de juillet l'an mil quatre cens quatre vingtz et neuf » furent « scellées de cire rouge sur double queue au lacqz de soye verde ». Celles du 21 avril 1491 portent l'empreinte de trois fleurs de lys et au-dessous les armes de Ponthieu (1).

Malgré les nombreux privilèges attachés à la charte communale d'*Arguel*, malgré les confirmations des rois de France, cette ville ne put jamais reprendre son ancien rang. Sa commune fut supprimée à la Révolution, mais à cette époque il y avait déjà bien longtemps que les « privilèges, franchises et droicts » accordés jadis par les comtes de Ponthieu et les rois de France n'existaient plus que de nom.

Principaux maieurs d'Arguel. — Hugues le Marié, 1216, Hugues Marital, qui apparait dans différents actes concernant la Maladrerie d'*Arguel*, 1225 ; Jean D'Anzel, qui assista, le 17 octobre 1495, avec Gérard de la Trenquie, bailli d'*Arguel* et d'Airaines, à la rédaction des coutumes de Ponthieu ; Henicque Guillaume, 1615 ; Jean Leuillier, 1642 ; Nicolas Quatrelivres, 16.. ; Jean de Vimeu, 1700 ; Augustin Chocquet, 1720 ; François Leleu, 1731.

(1) Ce fut Charles V qui fit ajouter un chef de France aux armes de Ponthieu.

Armes de la ville d'Arguel.

Les armes d'*Arguel,* octroyées sans doute par les comtes de Ponthieu, étaient allégoriques. Elles représentaient un cerf courant « le jour comme la nuit dans l'immense forêt d'*Arguel,* qui était très giboyeuse au moyen âge (1) ».

Les Archives nationales possèdent un sceau relatif à la commune d'*Arguel.* Ce sceau, que nous reproduisons plus bas en grandeur naturelle, représente un cerf passant à gauche. Au-dessus de sa croupe on voit un soleil à six rayons ondulés, et sous son ventre un croissant versé. On y lit :

✠ S'AV MAIRE D'ARGUEL

Le soleil à six rayons ondulés que l'on remarque dans les armes d'*Arguel* a été emprunté aux seigneurs de cette ville. Le scel de Glée d'*Arguel,* écuyer qui vivait en 1369, porte un soleil à six rayons.

M. l'abbé Armand, qui a bien voulu nous renseigner au sujet des armes d'Arguel, les établit ainsi :

D'azur au cerf d'or, accompagné en chef d'un soleil d'or et en pointe d'un croissant versé éclairé par le soleil.

(1) Goze, Manuscrits Bibl. Amiens, — Extr. du *Mémorial d'Amiens,* 23 juin 1861.

La léproserie d'Arguel.

La léproserie (1) d'*Arguel* fut fondée au commencement du xii° siècle, sur une partie de territoire qui dépendait alors d'*Arguel*, et située au pied de la montagne de ce nom. Le terrain sur lequel fut édifié

(1) Les léproseries, encore appelées maladreries, ladreries, furent instituées au moyen âge pour recueillir les lépreux et empêcher la contagion de la lèpre.

Au xi° siècle et dans les siècles suivants, le nombre de lépreux était tellement considérable que l'on comptait en Europe plus de 19,000 léproseries. Il y avait en France, d'après Mathieu Paris, 2,000 maladreries, et le roi Louis VIII légua à chacune 100 sous d'or.

Les lépreux, que l'on désignait aussi sous les noms de meseaux ou ladres, en mémoire de saint Lazare, leur patron, portaient un costume spécial qui consistait en une tunique, un capuchon et une robe appelée esclavine. Ils avaient en outre un petit baril ou barillet, un entonnoir, une écuelle, un couteau, une baguette, une ceinture de cuir, et tenaient à la main des cliquettes destinées à avertir les passants de leur présence. Les lépreux ne pouvaient se marier qu'entre eux, et lorsque dans un pays une personne était atteinte de cette maladie, et qu'il n'y avait pas de léproserie, on lui bâtissait une maison « soutenue par quatre poteaux et placée à vingt pieds du chemin ». Cette habitation devait être brûlée à la mort du lépreux, avec son lit et ses vêtements.

« Quand un lépreux était conduit à une maladrerie on observait le cérémonial suivant : un prêtre, revêtu d'un surplis et d'une étole, allait chercher le malade dans le lieu qu'il habitait et l'accompagnait à l'église. Placé sur une civière et recouvert d'un drap noir, le lépreux écoutait la messe et était ensuite porté à l'entrée de l'église où le prêtre l'aspergeait d'eau bénite et le menait processionnellement à l'hôpital, situé hors de la ville. Arrivé en cet endroit, le lépreux se tenait debout devant le prêtre qui lui adressait ces paroles : « Je te défends d'entrer dans les églises, aux marchés, aux moulins, fours et autres lieux dans lesquels il y a affluence de peuple ; je te défends de

la maladrerie s'appela plus tard *Loterie* ou *Lotterie,* corruption du mot hôtellerie.

La léproserie d'*Arguel* était à proximité du village du Quesne et séparée de ce pays par une courbe assez prononcée du Liger. C'est cette situation même qui a fait croire que la maladrerie d'*Arguel* appartenait au Quesne. Cependant, après avoir examiné quelques documents relatifs à cette léproserie, nous pensons qu'elle était uniquement affectée, dès l'origine, aux lépreux d'*Arguel*. Différentes raisons, telles que la population d'*Arguel,* l'importance de cette cité au point de vue du trafic, ses relations avec les villes de la Somme qui mettaient chaque jour ses habitants en contact avec les lépreux, très nombreux à cette époque, suffisent à prouver que la maladrerie située auprès du

---

laver tes mains et les choses nécessaires pour ton usage dans les fontaines et ruisseaux ; et si tu veux boire, tu dois puiser l'eau avec un vase convenable. Je te défends d'aller en autre habit que celui dont usent les lépreux. Je te défends de toucher aucune chose que tu veux acheter, avec autre chose qu'avec une baguette propre pour indiquer que tu veux l'acheter ; je te défends d'entrer dans les tavernes et maisons, hors dans celles en laquelle est ton habitation, et si tu veux avoir vin ou viandes, qu'ils te soient apportés dans la rue. Je te commande, si aucuns ont propos avec toi ou toi avec eux, de te mettre au-dessous du vent, et ne faut que tu passes par chemins étroits, pour les inconvénients qui en pourraient advenir. Je te commande que le cas advenant où tu sois contraint de passer par un passage étroit où tu serais contraint de l'aider de tes mains, ce ne soit pas sans avoir des gants. Je te défends de toucher aucunement enfants quels qu'ils soient et de leur donner ce que tu auras touché. Je te défends de manger et de boire en autre compagnie que de lépreux, et sache que quand tu mourras et sera séparation de ton âme et de ton corps, tu seras enseveli en ta maison, à moins de grâce qui te serait accordée par le prélat ou ses vicaires. »
— Chéruel, *Dictionnaire des Mœurs, Institutions et Coutumes de la France.*

Quesne fut fondée pour les besoins de la ville d'*Arguel*.

Pour expliquer les prétentions du Quesne à la possession de la léproserie et sa participation au partage des biens de cet hôpital, nous voulons supposer qu'*Arguel* et Le Quesne ne formaient autrefois qu'une seule seigneurie, ce qui est très probable, puisqu'une partie de l'ancienne ville d'*Arguel* s'étendait sur les flancs de la montagne et jusqu'auprès de la rivière du Liger. Le Quesne, avant la ruine d'*Arguel*, aurait été pour ainsi dire un faubourg de cette ville.

En raison de la proximité du village du Quesne, la léproserie d'*Arguel* est souvent mentionnée sous le nom d'Hôtellerie du Quesne-sous-Arguel. Un acte du 13 mars 1372 la désigne ainsi : *Cujusdam hostellarie sive domus Dei in villa de Quereu subtus Argolium*.

Dans un bail à cens, fait à Abbeville, le 24 mars 1494, devant le sénéchal de Dreux, « seigneur de Pierreton et de Boigneaux, chambellan du roi et lieutenant de M. le sénéchal de Poultier (Ponthieu) », il est dit qu'il n'existe qu'une seule maladrerie « dont l'Hôtel-Dieu et la chapelle sont situés au Quesne-sous-Arguel, et que cet Hôtel-Dieu est destiné aux lépreux d'*Arguel* ».

Ce bail passé en présence des maieur, échevins d'*Arguel*, ne fait aucunement mention du Quesne. Deux autres baux à cens, du 23 mai 1628 et du 20 février 1690, démontrent qu'autrefois la maladrerie appartenait exclusivement à *Arguel*. Ces titres affirment « que les revenus, droits et avantages attachés à la maladrerie d'*Arguel*, ainsi que le manoir, l'Hôtel-Dieu, la chapelle pour y célébrer la messe, étaient la propriété des lépreux d'*Arguel* ».

Nous ne pourrions dire au juste quel fut le fondateur de cette maladrerie, nous pensons que cette œuvre est due aux générosités des comtes de Ponthieu et des seigneurs d'*Arguel,* qui concédèrent probablement le terrain sur lequel fut édifiée la maladrerie.

Le pape Luce III, dans une bulle rendue à Velletri, en date du 16 novembre 1182, confirma différentes donations faites à la maladrerie par les fidèles et accorda certains privilèges aux lépreux. Un chapelain fut établi pour « célébrer l'office divin et administrer aux malades les sacrements de l'Église ».

Nous donnons la traduction de cette bulle :

« Luce, évêque, serviteur des serviteurs de Dieu, a ses biens aimés fils, les lépreux présents et à venir vivant de la vie commune dans la maison de Sainte-Marie-Madeleine du Quesne (1), à perpétuité.

« Quoiqu'il soit de notre devoir d'aimer d'une paternelle charité tous les enfants de l'Église et de les assister dans leurs besoins, il est cependant convenable que nous jetions un œil plus favorable encore sur ceux que la main du Seigneur a visités plus sévèrement en les frappant de l'incurable maladie de la lèpre, et que nous apportions une plus grande sollicitude à les couvrir du bouclier de la protection apostolique, contre les injustices des persécuteurs. C'est pourquoi, fils bien-aimés dans le Seigneur, nous avons accueilli avec faveur vos justes demandes, et pris sous la protection du bienheureux Pierre, prince des Apôtres, et sous la nôtre, la dite maison de Sainte-Marie-Madeleine du Quesne, dans laquelle la miséricorde divine vous a établis ; et nous appuyons cette protection par le privilège du présent écrit, statuant que toutes les possessions et tous les biens, quelle qu'en soit la nature, que la dite maison possède justement et canoniquement à l'heure présente, ou

---

(1) La léproserie d'*Arguel* était placée sous l'invocation de *Sainte-Marie-Madeleine.*

qu'elle pourra obtenir avec la grâce du Seigneur, à l'avenir, par concession des pontifes, munificence des rois, ou des princes, offrandes des fidèles, ou par tout autre moyen légitime d'acquérir, vous demeureront intacts et inviolables, pour vous et pour vos successeurs. Et parmi ces biens nous avons cru devoir désigner spécialement et nominativement les suivants :

« Le lieu même où est située la dite maison avec
« toutes ses dépendances.

« Par donation de Mazain d'Amiens, 36 arpents de terre, du fief de Riemer (Liomer), avec concession de Guillaume et Girold de Brocourt.

« Par donation de Hugues, curé d'*Arguel,* 12 arpents de terre du même fief.

« Au Leaière, 7 arpents de terre par donation du même Hugues.

« Par donation des frères Gauthier et Bernard, 13 arpents de terre du même fief.

« Au Leschar de Girold-le-Petit, 20 arpents de terre du même fief.

« De la terre de Giraud-le-Rouge, d'*Arguel,* 8 arpents de terre.

« Par donation de Hugues-le-Vieux et de Radulphe Haterel, 5 arpents de terre avec le droit de champart (1) et 2 parties de la dîme.

« Par donation de Radulphe de Villers, 3 arpents de terre avec droit de terrage dans la vallée Dude (2).

---

(1) Le droit de champart ou de terrage était la part qui revenait au seigneur, des gerbes produites sur une terre dépendant de son fief. Vauban, dans son livre de la *Dîme royale,* définit ainsi le droit de champart : Le seigneur avait droit « lors de la récolte à une certaine quotité, plus ou moins, selon la quotité des gerbes que la terre donne ».

(2) Probablement la vallée d'Eu, la vallée de la Bresle.

« Au bois Gilbert, 7 arpents de terre, par donation du curé Hugues, au fief de Limmers (Liomer).

« Par donation de Giraud d'Airaines et de Riceldis, son épouse, 16 arpents de terre du même fief dans le champ de Gauthier de Villers.

« A la Barre d'Arguel (1), 3 arpents de terre par donation et du fief du même.

« Par donation de Mathilde du Mazis, 3 arpents de terre au même fief.

« Par concession de Barthélemy de Saint-Mausence (Saint-Maulvis), et de tous les siens, 18 arpents de terre à profit de moitié avec le dit Barthélemy, lequel fournit un tiers de la semence.

« Au four public d'*Arguel*, 4 arpents de terre, par donation de Giraut-le-Petit, et par concession du comte Guillaume Ier, 2 arpents de terre sur la montagne du même fief.

« 2 autres arpents, du fief de Saint-Aubin, par donation de Hugues Soreth.

« Par donation des frères Hugues et Jean de Meilens, deux arpents de terre à côté de la maison même, avec le droit de terrage et celui des autres seigneurs.

« 4 autres arpents, libres de toute charge, aussi à côté de la maison, par concession et donation d'Ingeranne.

« 4 autres arpents près de la maison, avec moitié du droit de terrage, par donation de Gauthier du Quesne.

« 4 autres arpents, près de la Croix, par donation de Boson de Saint-Aubin, avec le quart du droit de terrage.

« 3 autres arpents, par donation de Gauthier, fils d'Herbert, avec concession des seigneurs de Saint-Aubin.

« 3 arpents de terre de jachères, au territoire de Saint-Aubin, par concession des seigneurs.

---

(1) Désigne sans doute la limite du territoire d'*Arguel*.

« Par donation d'Étienne et Fulbert d'Arguel, 9 arpents de terre du fief de Gauthier du Quesne et de Richard Boitelle.

« 10 arpents de terre, par donation de Warembold du Quesne, avec concession des seigneurs de Saint-Aubin, dans le même fief.

« Trois arpents de terre, à côté des dix arpents susdits, du fief du Quesne et par donation d'Étienne d'Arguel, avec concession des seigneurs.

« Par donation de Bernard Broslain, 4 arpents de terre au même fief avec concession des seigneurs.

« Par donation de Gauthier du Quesne, 5 arpents de terre, près la Croix-Guillard, avec moitié du droit de terrage.

« 3 arpents de terre à côté de la maison, du fief du Quesne et par donation des seigneurs, avec 3 parties de droit de terrage.

« 27 arpents de terre au fief de Neuville avec 2 parties de droit de mouture, par donation d'Étienne et d'Ade, son fils, et de Robert Mallet.

« Par donation d'Agathe de Neuville, 4 arpents de terre au même fief.

« Dans la vallée de Limmeres (1), 2 arpents du fief de Neuville avec moitié du droit de terrage de la part d'Ade de Neuville, et 3 autres arpents au même lieu, à côté des susdits, du fief d'*Arguel*.

« Deux autres arpents à la Châtaigneraie de Neuville, avec décharge du droit de mouture et par donation, et avec moitié du droit de terrage.

« Les 6 arpents de terre que vous cultivez, à profit de moitié avec Adam de Neuville.

(1) La vallée de Limmeres, ou vallée de Liomer, nom que l'on donnait autrefois à la vallée du Liger.

« A Inval, deux mines de grains par donation de Gauthier de la Bouche, selon la mesure d'*Arguel*.

« Une mine de froment, par donation d'Arnulphe d'Inval, et selon la mesure du même lieu.

« La terre qui vous a été donnée à cultiver aux fiefs de Riemers (Liomer), et d'Andainville, à profit de moitié et en aumône perpétuelle, par donation de Guillaume II, comte d'Aumale.

« Et de plus, les dîmes des chapons et des deniers de Gauthier du Quesne.

« Que nul n'ait à prélever sur vous aucune dîme, soit sur vos jardins ou sur les fruits de vos arbres, soit sur les aliments de vos bestiaux.

« Nous ordonnons, en outre, qu'il vous soit accordé par l'Évêque du diocèse, selon la constitution du concile de Latran, un chapelain pour vous célébrer l'office divin et vous administrer les sacrements de l'Église, et que personne, dans l'intérieur de l'enceinte fermée de votre maison, n'ose tuer un homme, et commettre un vol ou exercer quelque violence.

« Nous décrétons donc qu'il ne sera permis à aucun des hommes, quel que soit son titre, de troubler témérairement la dite maison, ni de ravir ses possessions, ni de les retenir si elles ont été prises, ni de les amoindrir, ni de les molester en aucune façon ; mais que tous ces biens, conservés dans leur intégrité et dans tous leurs usages, demeurent la propriété de ceux qui habitent cette maison et pour l'entretien de laquelle ils ont été concédés. Ils dépendront de l'autorité du Siége apostolique et de la juridiction canonique de l'Évêque du diocèse.

« Si donc à l'avenir quelque personne, soit ecclésiastique, soit séculière, connaissant la teneur de cette présente constitution donnée par Nous, entreprend de s'élever témérairement contre elle, et si après avoir été deux ou trois fois avertie, elle ne rachète sa tentative par une digne satisfaction, qu'elle soit dégradée de sa dignité en puissance et en honneur, qu'elle se sache justiciable du tribunal de Dieu pour l'iniquité qu'elle aura commise, qu'elle soit privée du Très Saint Sacrement, du corps et du sang de Dieu, Notre Seigneur et Rédempteur Jésus-Christ, et abandonnée à sa dernière heure à la vengeance divine.

« Quant à ceux qui respecteront les droits accordés au dit établissement, que la paix de Notre Seigneur Jésus-Christ soit avec eux et qu'ils obtiennent en outre ici-bas le fruit de leur bonne action, et trouvent auprès du Juge de toute justice la récompense de l'éternelle paix. »

(Suivent les signatures.)

« Donné à Velletri, par la main d'Albert, prêtre, cardinal et chancelier de la sainte Église romaine, le 16 des calendes de décembre (16 nov.), sous la première indiction, l'an de l'Incarnation de Notre Seigneur Jésus-Christ, 1182, et du pontificat du Pape Luce III, le second (1). »

Le *Cartulaire de Ponthieu,* déposé à la Bibliothèque nationale, contient un certain nombre d'actes relatifs à différentes donations que firent les fidèles à la maladrerie d'*Arguel*.

En 1203, d'après M. de la Gorgue-Rosny, Gauthier et Werembold du Quesne cédèrent quelques arpents de terre à l'Hôpital des Lépreux d'*Arguel*.

La même année, Foulques du Quesne, chevalier, souscrivit une charte de donation faite à la Léproserie d'*Arguel* par Enguerrand de Saint-Aubin.

(1) Cette traduction est due à M. Herbet, dit Olive, du Quesne.

Vers 1211, Étienne Mulet légua aux malades de l'Hô tel-Dieu du Quesne-sous-Arguel, un demi-muid de sel pour le repos de l'âme de ses ancêtres et de celle de son fils Mathieu.

La même année, les lépreux d'*Arguel* firent un accord avec Foulques du Quesne, au sujet de quelques terres. Aubert du Quesne, Pierre de Saint-Aubin, curé, Hugues Hasterel, Enguerrand de Saint-Aubin, Hugues, prévôt du Quesne, parurent comme témoins dans cet acte.

Hugues Hasterel, chevalier, vendit en 1216, à la maladrerie d'*Arguel*, moyennant le prix de 15 livres parisis, l'estage de toute la terre de Liomer que cet établissement tenait de lui. Étienne de Brocourt, chevalier, Hugues, son fils aîné, André d'Andainville, donnèrent leur consentement à cette vente. Assistèrent comme témoins : le maieur et les échevins d'*Arguel*, Aubert du Quesne, prêtre, Raoul de Campsart, Alexandre de Beaucamps, chevalier.

Une charte de 1219 fait mention d'une rente de 3 muids de blé. mesure d'*Arguel*, à prendre au moulin d'Inval et donné par Gauthier de Pierrefort.

Vers la même époque, un seigneur de Saint-Aubin-Rivière laissa à la léproserie d'*Arguel* 23 livres de censives et un journal de pré (1). En 1220, Hugues de Molliens fit don d'un journal de terre situé près de Wagi.

Robert de Saint-Aubin, Marguerite, son épouse, et Étienne, leur fils, donnèrent d'un commun accord à la maladrerie d'*Arguel*, avec le consentement d'Enguerrand, chevalier, seigneur de Saint-Aubin, trois journaux de terre sis au Catelet.

En 1223, Mathilde de Fresnoy légua aux lépreux, du

---

(1) E. Prarond, *De quelques lieux de Picardie.*

consentement de son mari, de son frère, Raoul de Neuville, et de ses héritiers, dix journaux de terre situés dans la vallée du Liger. Les témoins de cet acte furent Alexandre de Beaucamps, chevalier, seigneur de Beaucamps-le-Vieux, suzerain ; Enguerrand de Saint-Aubin, Hugues Maritat, maieur d'*Arguel*.

Foulques du Quesne et Gauthier, son fils, laissèrent à la maladrerie d'*Arguel*, pour le repos de leurs âmes et pour celles de leurs ancêtres, tout le terrage qui leur appartenait sur la terre de Saint-Aubin. Aubert du Quesne, leur parent, fut requis comme témoin. Cet acte est du mois de février 1225. Foulques du Quesne est le même que l'on voit paraître dans une charte de donation, faite à l'Hôtel-Dieu d'*Arguel* par Enguerrand de Saint-Aubin.

Le 5 décembre de la même année, Firmin Martel, lépreux d'*Arguel*, Emmeline, son épouse, et Étienne, leur fils, donnèrent à la maladrerie de ce lieu trois journaux de terre, situés au lieudit l'*Épine-Ivelin*, du consentement de Gauthier de la Forme, seigneur du fonds. Les témoins qui parurent à cette donation furent : Jean de Brocourt, Jean d'Andainville, Jean d'Arguel, Aubert du Quesne, le maieur Hugues Maritat, et les échevins d'*Arguel*. La lettre en parchemin porte le scel de Pierre, doyen d'Airaines.

En 1233, Gauthier de Croquoison reconnut qu'il devait chaque année, aux lépreux d'*Arguel*, un demi-muid de blé, mesure d'Inval, cette rente ayant été concédée à la maladrerie par ses aïeux.

A la même date, Hugues de Molliens, Sidonie, sa femme, Jean, leur fils aîné, et leurs autres enfants, donnèrent à la léproserie toutes les rentes leur appartenant sur les terres possédées par les lépreux. Hugues de Fontaines, chevalier, seigneur de Long, approuva comme maître du fonds cette donation, et la garantit en présence de Foulques du Quesne et de plusieurs autres témoins.

Anselme de Beaucamps, fils aîné d'Alexandre, seigneur de Campsart, abandonna à la maladrerie d'*Arguel* dix journaux de terre situés auprès de Beaucamps-le-Vieux. Il fit cette donation en mémoire d'un de ses frères, Asselin, mort de la lèpre, et enterré dans la chapelle de la *Léproserie*. Cet acte de concession porte l'approbation de Gauthier du Quesne, seigneur du fonds, de Raoul d'Airaines, chevalier, seigneur du fief dominant, et de Jean, frère d'Anselme.

Guillaume Haterel, fils de Hugues, chevalier, seigneur du fief de Rumetz, assis à *Arguel,* fit don, en 1236, à la maladrerie d'*Arguel,* du consentement d'Étienne de Brocourt, de la moitié du terrage qui lui appartenait sur la terre de Rivières, l'autre moitié avait été vendue par son père à la léproserie, vers 1201 ou 1202.

En 1245, Étienne de Biencourt, fils d'Hainfroy et de Mathilde de Fresnoy, laissa en septembre de cette année, quatre setiers de blé, mesure d'Airaines, qu'il prenait contre son droit dans la terre achetée autrefois par sa mère.

Le cartulaire de Ponthieu mentionne des lettres, datées de 1313, par lesquelles le bailli d'Amiens, Robert de Villeneuve, promulgua la vente faite au profit des lépreux par Robert, curé de Saint-Aubin, « rewars de la Maladrerie du Quesne », et frère Jean de la Barre, maître de la Léproserie, de 25 journaux de bois, pour être exploités dans un délai de trois ans. Cette vente est « fête pour la nécessité apparant de leur maison en subvencion et aicue de leur pourcté si comme il dient, les quex bos il ne peut vendre si comme il dient se n'est de la licence et du congie devant dit, kar il leur fu tant seulement otrie des seigneurs de Pontieu à leur usage si comme il dient. *Item* au tele grâce reconnoissent li dit administreur estre faite del escorche des caisnes du dit bos qui leur demore qu'il porront vendre dusques a IIj ans par la licence des susdicte, si comme il dient, sauve la droiture du comte de Pontieu en toutes choses. *Item* li dit administreur ont reconnu et reconnoissent encore qu'il ont rechut par l'auctorité et l'assentement du seigneur de Pontieu et par se grâce en leur maison dessus dite a confrère, Robert du Caisne, et Agnès sa famme, tout le cours de leurs vies. »

Quelques donations de peu d'importance eurent encore lieu au commencement du xiv® siècle. La maladrerie d'*Arguel* subsista jusqu'en 1672, époque où un édit du roi Louis XIV affecta les biens de cette léproserie à la commanderie de Neufchâtel, de l'ordre de Saint-Lazare (1).

Avant cette réunion, la maladrerie d'*Arguel* avait à sa tête un administrateur, ainsi que le prouve l'aveu du 2 avril 1557, servi au roi par Jean Caubert, chargé de la direction des revenus de la léproserie.

Au milieu du xvii® siècle, quelques contestations eurent lieu entre la maladrerie d'*Arguel* et l'hospice d'Airaines, qui prétendait que le bois de l'Hôtellerie (2) attenant à la forêt d'*Arguel* lui appartenait depuis un temps immémorial. Un procès d'abonnement verbal de 1669 reconnut que le bois de l'Hôtellerie dépendait de l'ancienne léproserie d'*Arguel* :

---

(1) La commanderie de Neufchâtel faisait partie du grand prieuré de Normandie.

(2) Ainsi désigné parce qu'il appartenait à l'hôtellerie ou maladrerie d'*Arguel*.

« En 1663, les revenus de la maladrerie du Quesne consistaient en 8 journaux de bois à couper tous les ans, 36 journaux de terre, 1 journal de pré, un petit jardin contenant un quartier situé près de la chapelle, et 24 à 25 livres de censives à prendre sur deux maisons et autres héritages.

« Dans le bail de 1663, dont nous avons une copie, l'administrateur de la maladrerie fait connaître qu'une maison, enclos et 40 journaux de terre appartenant autrefois à la maladrerie, ont été « usurpés par divers particuliers qui en sont encore en possession » n'ayant pu, faute de titres, les faire rendre à la maladrerie ; il propose d'obliger l'adjudicataire à faire, à ses frais et dépens, les poursuites nécessaires à ce sujet. Dans le cas où le locataire aurait gain de cause, il jouirait de ces 40 journaux, sans augmentation de prix pendant la durée de son bail ; dans le cas contraire, une diminution annuelle de 20 livres lui serait faite sur le montant de sa location.

« Le 4 novembre 1663, il fut procédé par devant Jean Noël, conseiller du roi, doyen et chanoine de Saint-Vulfran d'Abbeville, et en la présence de Charles Lenglet, bailli de la terre et seigneurie de la maladrerie du Quesne, à l'adjudication au plus offrant et dernier enchérisseur, de la location des biens et revenus de la maladrerie, pour une durée de 9 années à partir de la Saint-Jean 1664. Il fut stipulé que l'adjudicataire devra « faire faire le service divin, entretenir les bâtiments, labourer et amender les dites terres, les conduire par solles et saisons convenables sans les dessoller, et, en fin de temps, les rendre en bonne valeur ».

« Eustache Cocu, sellier à Abbeville, s'en rendit adjudicataire moyennant le prix annuel de trois cents livres ; Jean Mellier, seigneur de Saint-Jean, demeurant à Villers-Campsart, se rendit caution du sieur Cocu. Le précédent fermage n'avait été que de deux cent huit livres.

« Nous avons retrouvé deux noms de chapelains de la maladrerie, qui en étaient en même temps les administrateurs : Pierre le Vasseur, en 1580, et Antoine de Mignars, en 1663 (1). »

En 1690, d'après le *Recueil* de Jacques Lepelletier, le revenu de la maladrerie d'*Arguel* était de 350 livres (2).

Aux termes d'une ordonnance de Louis XIV, en date du 13 juillet 1695, les biens de la léproserie d'*Arguel* furent enlevés aux chevaliers de Saint-Lazare, et l'hospice d'Airaines fut autorisé à gérer ces biens et à en recueillir les revenus au profit des pauvres d'*Arguel*. Deux lits furent fondés à l'hospice d'Airaines pour recevoir deux malades appartenant au village d'*Arguel*.

Le 23 octobre 1843, le Conseil d'État jugeant que les revenus de l'ancienne maladrerie d'*Arguel* étaient trop importants pour cette commune, dont la faible population ne comptait aucun indigent, décida de faire participer Le Quesne pour la moitié de ces revenus. Les communes d'*Arguel* et du Quesne eurent chacune droit à un lit à l'hospice d'Airaines.

Se basant sur la décision du Conseil d'État, le Conseil municipal du Quesne demanda, en 1844, la désunion des biens de l'ancienne léproserie d'*Arguel*.

L'administration de l'hospice d'Airaines et la commune d'*Arguel* se refusèrent au partage de ces biens,

---

(1) Alcius LEDIEU, *La vallée du Liger et ses environs*, p. 131-132.
(2) *Recueil général de tous les bénéfices et commanderies de France et de ses dépendances.*

dont le revenu était évalué, en 1858, à 938 fr. ; sur cette somme, l'hospice prélevait 322 fr. pour frais d'administration, et lorsque les deux lits étaient inoccupés, les 616 fr. restant revenaient par moitié à chaque commune, pour être distribués comme secours à domicile.

Vers 1857, un désaccord s'éleva entre l'hospice d'Airaines et les conseils municipaux d'*Arguel* et du Quesne, au sujet du bois de l'Hôtellerie. L'hospice d'Airaines prétendait pour la seconde fois que ce bois de l'Hôtellerie lui avait appartenu de tout temps, et que le revenu des coupes de haute et basse futaies, évalué au chiffre moyen de 1,100 fr. par an, était consaré depuis de nombreuses années à secourir les malades de l'hospice.

Le 29 novembre 1857, les conseils municipaux d'*Arguel* et du Quesne ayant fourni les preuves que le bois de l'Hôtellerie dépendait de l'ancienne léproserie d'*Arguel*, l'administration de l'hospice d'Airaines voulut transiger. *Arguel* et Le Quesne réclamèrent une partie des revenus indûment perçus, et estimés à la somme de 42,997 fr. 75 (1).

Les choses en étaient là lorsque, en 1861, la commune d'*Arguel* se décida à demander la désunion des biens de son ancienne léproserie. Les conseils municipaux d'*Arguel* et du Quesne s'étant unis pour cette question, une transaction eut lieu le 7 mai 1863, à la suite du décret impérial du 20 mars 1863. L'hospice d'Airaines céda aux bureaux de bienfaisance d'*Arguel* et du Quesne la propriété des terres labourables et prés d'une contenance d'environ 13 hectares 13 ares 70 centiares, situés en grande partie au lieudit *le Parc-aux-Vaches*. Ces terres furent évaluées à 35,000 fr. L'hospice

(1) Archives municipales.

d'Airaines demeura propriétaire du bois de l'Hôtellerie (1) (3 novembre 1863), sur le territoire du Mazis, estimé 70,000 fr. Les administrateurs de l'hospice s'engagèrent en outre à verser aux deux bureaux de bienfaisance une somme de 8,795 fr. dans l'année qui « suivrait la date de l'approbation de ce partage », à la condition que tous les revenus de l'année 1863 « resteraient acquis à l'hospice, qui prélèvera sur ces revenus une somme de 200 fr. pour les bureaux de bienfaisance d'*Arguel* et du Quesne (2) ».

La transaction se termine ainsi : « Toute réclamation soulevée par *Arguel* et Le Quesne, au sujet des arrérages que ces communes prétendaient être dus par l'hospice d'Airaines, sera éteinte. Les frais et honoraires seront partagés dans les proportions suivantes : 7/12 pour l'hospice et 5/12 pour les bureaux de bienfaisance. »

La même année 1863, les deux conseils municipaux d'*Arguel* et du Quesne s'étant réunis, décidèrent d'administrer en commun les biens de l'ancienne léproserie et de partager les revenus entre les deux bureaux de bienfaisance d'*Arguel* et du Quesne.

---

(1) Le bois de l'Hôtellerie fut vendu le 12 août 1866, à M. Dufour, conseiller général, pour la somme de 102,320 fr. 50.
(2) Archives municipales.

Le Bois-aux-Jurés. — Le Forestel.

Les habitants d'*Arguel,* d'après un acte de 1489, possédaient un bois dénommé le *Bois-aux-Jurés,* et limité « d'un bout au Valdye (Vaudier), et d'aultre à la forêt d'*Arguel,* et d'aultre bout au bois du seigneur de Saint-Aubin et au bois commun aux habitants du dit Saint-Aubin, d'un côté au bois de l'Hostellerie du Quesne d'aultre côté au bois de la Commanderie de Saint-Mauvis ».

Primitivement, ce bois appartenait exclusivement aux maieur et jurés d'*Arguel,* qui disposaient annuellement des coupes pour leurs besoins et ceux de la commune. Il serait difficile de dire dans quelles circonstances et pour quelles raisons un comte de Ponthieu donna certains droits d'usage dans une partie de la forêt d'*Arguel,* d'une contenance d'environ 150 journaux, aux jurés de cette ville. Nous avons une lettre de *vidimus* produite par « feu Jean, en son vivant sieur de Nyelles, chevalier, conseiller du roy et maistre des requestres de son hôtel ; gouverneur de Ponthieu, par laquelle il appert que Jacques Lempereur, jadis maistre enquesteur des foretz et garennes du feu roy, nostre sieur partout son royaulme feist délivrance ausditz jurez d'*Arguel* de certaine quantité de bois joignant à la forest d'*Arguel,* esquelz y ceulx jurez avoient usaige pour leur chauffage et bastir ».

Le droit d'usage que possédaient les jurez d'*Arguel* remonterait au commencement du xiii° siècle, et serait du, selon toute apparence, à Guillaume III, comte de Ponthieu, fils de Jean (1202). L'acte de 1489 nous apprend que « les bourgeois, manans, jurez et habitans d'*Arguel* disoient avoir le droit de pouvoir prendre, couper, faire couper et abattre des bois en certaine quantité pour leur usage, le chauffage et pour bastir, édifier en la dite ville d'*Arguel*, quand besoin leur étoit et memement d'en faire vente quand il convenait et était nécessité de réparer leur église et les puits de la communauté d'ycelle ville, en laquelle vente le recepveur de la dite comté de Ponthieu, pour le roy nostre seigneur, prendroit le 1/3 denier et les jurez et manans les deux aultres tiers, ce que d'ycelluy droict pour le prendre yceulz bourgeois et jurez étoient en bonne possession de telle si longtemps qu'il n'en étoit memoire du contraire », et que « le pays d'*Arguel* avoit jouy et usé de ce bois passe a cent et six vingt ans et plus » (1).

Après la ruine d'*Arguel*, arrivée en 1402, la ville resta longtemps déserte et le *Bois-aux-Jurés* n'ayant plus de possesseur, fut réuni à la forêt d'*Arguel*.

Pendant près d'un siècle, il appartint aux domaines des comtes de Ponthieu, et ne fut revendiqué par la communauté d'*Arguel* que vers 1485.

A la suite d'enquêtes dirigées par « Jehan de Vierre, seigneur de Maisons-lez-Ponthieu, en partie, et lieutenant de monsieur le Maistre des eaux et foretz de Picardie », le roi Charles VIII confirma les droits et privilèges que possédaient les « habitants, bourgeois, manans d'*Arguel* », et les autorisa à « jouir et avoir leur usage au dit *Bois-aux-Jurez* pour leur chauffage et bastir, ainsi que anciennement ils avoient eu, et pourroient faire par vente par l'avis des officiers du roi nostre seigneur, pour leur église et puits communs réédifier, lesquelles ventes se publieroient au dit lieu d'*Arguel*, et seroient baillées par les officiers dudit sieur

---

(1) Confirmation des privilèges aux habitants d'*Arguel*.

en tel lieu de la dite comté que bon leur sembleroient, ce que les bois que les ditz jurez prendroient et abbatteroient pour bastir et édifier leur église et puits commun et aultres choses de leur communauté nécessaires, se martèleront du martel du dit sieur et memmement que du pris et valleure d'y celles ventes, les ditz jurez auroient les 2/3, le roy nostre seigneur l'aultre ».

En 1572, le *Bois-aux-Jurés* fut saisi par les commissaires royaux et mis en la main du roi, parce que les habitants d'*Arguel* n'avaient pas fait la déclaration de leurs biens et usages dans un temps donné.

L'année suivante, par un acte en date du 24 avril 1573, ces mêmes commissaires, après avoir reconnu que « le manque de déclaration n'était pas imputable aux habitants », obtinrent la main-levée au « proffit des dits habitants ».

« Savoir faisons que veu la requeitre à nous présentée par les habitants et manans du village de *Darguel* au baillage d'Amiens, tendant à ce que, pour les causes y contenus main-levée leur fut faicte et donnée des usaigers, pastures et maretz, prés, franchises et aultres droicts à eulx appartenant en communautez, faisiez et mis en la main du roy a faulte d'avoir fourni de déclaration d'y ceulx dedans temps des certains actes de notre greffe, pour ce qu'elle appert la dite déclaration avoir été mise et produicte en nostre dit greffe et y celle affirme contenir vérité suivant l'edict du roy en sur ce le procureur dudit sieur auquel le tout a esté communiqué et tout considéré, et nous en enterimant la dicte requeste avons ordonné et ordonnons que la main du roy et tout aultre empèchement n'y a et appose sur les dits usaigers, pastures, franchises, maretz, prés et aultres droicts aux quels habitants appartenant en communauté d'avoir fourny de déclaration d'y ceulx dedans le temps et sur icelluy levons pour et au proffit des dits habitants et si avons faicts et faisons deffense aux commissaires et à ses comis et establis de ne eulx dorenavant entremettre au faict et exercice de leur commission lesquels seront contraints rendre compte si aucune chose ont recue ce faisant des charges en payant toutefois par les dits manans et habitants les frais de la saisie, si payez n'ont esté tel que de raison. Si donnons en mandement au premier huissier ou sergeant royal sur ce requis que ces presentes il mète à exécution, selon leur forme et teneur, de ce faire leur donnons pouvoir, mandons et commandons à tous les justiciers et officiers et subjetzs du roy nostre dit sieur, que a luy en ce faisant soit obey.

« Donné en la chambre des dits francs fiefs et nouveautz acquetz, le 24 avril 1573 (1). »

Le 12 décembre 1666, le ministre Colbert, sur le rapport des commissaires chargés de la réformation de la maîtrise d'Abbeville, ôta le *Bois-aux-Jurés* aux habitants d'*Arguel* parce qu'ils avaient « mesusé de leurs concessions », et le réunit à la forêt d'*Arguel*.

Les habitants d'*Arguel* ayant adressé au roi une requête pour rentrer en possession du *Bois-aux-Jurés*, M. de Colbert, intendant de Picardie, leur donna en échange le bois du *Forestel*, d'une contenance de 70 journaux 7 verges. Ce bois fut concédé sans la redevance du 1/3 denier au roi, mais resta soumis au régime forestier de l'époque. Pour en déterminer les limites on l'entoura d'un fossé (2).

(1) Cette pièce est tirée du *Registre aux Chartes de la Maîtrise des Eaux et Forêts de Picardie*, comté et sénéchaussée de Ponthieu. (Archives d'*Arguel*.)

(2) Une sentence de Pierre Gallet, écuyer, seigneur de Sombrin, lieutenant particulier des eaux et forêts de Picardie, mit les habitants d'*Arguel* en possession du bois du Forestel.

La ville d'*Arguel* ayant protesté contre cet échange qui lui était défavorable, étant donné qu'au lieu des 150 journaux du *Bois-aux-Jurés* elle n'en recevait que 70 et de qualité inférieure, « ne contenant que de la basse futaie », l'administration forestière conseilla à la communauté d'*Arguel* de se pourvoir auprès du roi et de produire les titres de propriété, afin de rentrer dans ses anciens droits. Ne possédant point l'argent nécessaire pour faire ces démarches et entamer un procès, les habitants d'*Arguel* furent « contraints de subir un tel jugement ».

« Le *Bois de Forestel* », dit un extrait de la maîtrise d'Abbeville, en date de 1684, « contient 59 arpens 57 perches ; il est proche le bourg d'*Arguel*, en bon fonds et planté comme la forêt d'Arguel. Vente ordinaire : 6 arpens de bois taillis par chacun an, au proffit des habitants d'*Arguel*.

« En 1781, la coupe annuelle du bois du Forestel était de 6 journaux, qui donnaient un revenu d'environ 216 livres, et la ville d'*Arguel* payait à l'administration forestière 23 livres 15 sous 3 deniers ».

A la Révolution, le bois du Forestel fut réuni aux domaines nationaux ; il fut cependant rendu à la commune d'*Arguel*, l'an IV de la République, et les habitants conservèrent leurs droits d'usage tels qu'ils les possédaient depuis 1666.

La même année, la commune d'*Arguel* fut autorisée à exploiter le Forestel, comme elle le faisait auparavant. Nous donnons ici la demande en autorisation qu'adressèrent les habitants d'*Arguel* aux citoyens administrateurs du district d'Amiens :

« Exposent les habitants et soussignés assemblés sous la présidence de l'agent municipal, que d'après des titres très anciens et reconnus valables par le ci-devant district d'Amiens et le département de la Somme, ils sont dans l'usage de couper tous les ans leur chauffage dans un bois d'environ 70 journaux à eux appartenant en propriété, appelé le bois du Forestel, et que le règlement d'échange fait en l'année 1666, le 12 décembre, dit que Colbert a converty l'usage qu'avaient les habitants d'*Arguel* dans le bois aux Jurés en un droit de propriété sur 70 journaux appelé le bois du Forestel qui est le bois dans lequel les dits habitants d'*Arguel* coupent leur chauffage aujourd'huy. Que ce Colbert paroit être celuy qui dans ce temps a fait la réformation pour donner aux dits habitants d'*Arguel* au lieu dit du bois aux Jurés, la propriété du Forestel, qu'en regardant le titre, il paraît incontestable et certain que le bois du Forestel appartient en propriété aux habitants d'*Arguel*, que dans l'arrêté du département de la Somme en date du 9 fructidor an IV, il est dit : que l'on rendra aux habitants d'*Arguel* les sommes perçues pour les coupes dont la nation a profité, que ces coupes consistèrent dans ce temps en basse et haute futaie pourquoy les habitants d'*Arguel* demandent à être autorisés par vous citoyens administrateurs à faire l'abattis des arbres de haute futaie dans le dit bois du Forestel comme leur appartenant et les deniers être employés en différentes nécessités comme de construire un puits et une mare publique et aussy pour payer leurs dettes communales.

« Pourquoy les habitants d'*Arguel* invitent l'administration municipale à prononcer sur l'objet de leur demande (1). »

Après l'Empire, l'État mit la main sur le bois du Forestel et vendit, en 1819, la haute futaie à M. de Ter-

(1) Archives d'*Arguel*.

nisien, pour la somme de 10,000 francs, tout en laissant le taillis à la commune.

L'État, vendeur, et la commune, conservèrent par indivis le sol dans la « proportion des droits de chacun dans les produits ». Les impôts étaient ainsi répartis : deux tiers pour la commune, et un tiers pour l'acheteur. Dix ans plus tard, un décret fut rendu dans le but de maintenir le bois du Forestel sous le régime forestier.

Jusqu'en 1836, la coupe annuelle du bois était de deux hectares, et la révolution de l'aménagement de dix ans. Les habitants d'*Arguel* ayant adressé une demande dans le but de diviser les coupes en quinze années, un décret du 14 mai 1836 porta la révolution de l'aménagement de dix à quinze ans.

En 1854, le conseil municipal d'*Arguel* se trouvant lésé dans l'exploitation du taillis, à cause de la haute futaie qu'avaient laissée les héritiers de Ternisien durant les années 1851-52-53, « ce fait constituant une infraction aux règles établies et portant un grave préjudice aux intérêts de la commune en détruisant de plus en plus la basse futaie », donna au maire, par délibération du 18 décembre 1854, « les autorisations nécessaires pour obtenir devant les tribunaux la vente forcée de la haute futaie laissée à tort sur pied par les héritiers de Ternisien, et les réparations des dommages soufferts par la commune ». Le 7 septembre 1855, les héritiers de Ternisien furent condamnés à « abattre la haute futaie indûment laissée par ces héritiers. Dans le cas de refus, la commune procéderait elle-même à cet abattage, aux frais des héritiers ».

L'affaire resta pendante jusqu'en 1865, époque à laquelle M. de Rambures, héritier de M. de Ternisien, en raison de son mariage avec Marie-Adélaïde-Claudine de Ternisien, demanda le partage du bois. N'ayant pu s'entendre avec la commune d'*Arguel*, un jugement du 28 mars 1868 ordonna la vente du Forestel. Une expertise eut lieu et le bois fut estimé à 56,100 fr., le sol ayant été compté 47,000 fr., la haute futaie 2,600, et le taillis, 6,500. Par arrêt du 18 décembre 1871, la cour d'Amiens confirma la sentence du 28 mars 1868, et décida que le bois du Forestel serait vendu aux enchères publiques et que le prix reviendrait pour 4/5 aux héritiers de Ternisien et pour 1/5 à la commune d'*Arguel*. La vente n'eut pas lieu, M° Henocque, notaire à Liomer, choisi comme arbitre, fit un arrangement entre les héritiers de Ternisien et la commune d'*Arguel*. Le bois du Forestel fut partagé le 13 février 1872 ; 11 hectares 9 ares 13 centiares, à prendre vers le pays, furent attribués à *Arguel*, et les héritiers de Ternisien conservèrent le reste du bois, d'une contenance de 20 hectares 38 ares 30 centiares.

Arguel est la seule commune du département qui possède un bois communal soumis au régime forestier. Les habitants de ce village ont un droit d'affouage qui date de fort longtemps.

Pour obtenir une portion de bois, tous les ans il est d'obligation de remplir les conditions suivantes :

« 1° Pour avoir droit à la communauté de l'affouage dans la commune d'*Arguel*, il faut avoir au moins un an et un jour d'habitation à partir de la veille de Noël, être chef de ménage, y avoir une demeure fixe et réelle.

2° Lorsque plusieurs ménages vivent ensemble, sous le même toit et au même feu, c'est le premier entré qui a seul droit à la communauté ; il ne saurait y avoir plusieurs portions dans la même maison.

3° Quand un habitant quitte la commune ou qu'il vient à décéder, il perd son droit à la communauté de l'affouage, et s'il se trouve porté au rôle de répartition de la commune et qu'il ait payé le montant de sa cote, la commune en fait le remboursement.

4° Enfin, pour avoir droit de recueillir une portion d'affouage, il faut être présent, habiter la commune au moment de la distribution. Cette coutume date de temps immémorial (1). »

Autrefois les habitants avaient droit à l'herbe du bois.

Avant 1686, il y avait vingt-deux maisons usagères qui avaient la jouissance de l'affouage. Chaque portion de bois était annuellement de 25 verges; elle pouvait augmenter si le nombre des maisons usagères était moins considérable.

Les habitants d'*Arguel* « abusèrent souvent de leurs privilèges en vendant avec leurs maisons usagères les portions de bois dues à ces maisons, comme s'ils eussent été propriétaires du bois. Un arrêt du Conseil, en date du 12 mars 1712, cassa et annula ces sortes de ventes, et fit défense aux habitants d'en faire de semblables à l'avenir (2) ».

Le curé d'*Arguel* avait droit à une portion de bois comme habitant de la ville. En 1625, les bourgeois d'*Arguel* octroyèrent à messire Boinet, leur curé, un filet de bois d'environ 12 verges, à prendre dans le *Bois-aux-Jurés,* à la condition qu'il chanterait tous les dimanches et jours de fêtes la prière *Domine non secundum,* en mémoire des comtes de Ponthieu, décédés, et bienfaiteurs de la ville d'*Arguel.*

Vers 1682, les parts étant moins considérables depuis l'échange du *Bois-aux-Jurés* contre le Forestel, les habitants n'accordèrent plus à leur curé qu'une seconde portion de bois, pour laquelle il devait payer

---

(1) Archives d'*Arguel.*
(2) Alcius LEDIEU, *La Vallée du Liger et ses environs.*

quatre mesures d'avoine. Cette convention eut lieu le 12 avril de l'année 1682, entre les bourgeois d'*Arguel* et leur curé, Henri Langlois.

Pendant quarante-trois ans, les curés d'*Arguel* jouirent paisiblement de ce droit. En 1725, les habitants d'*Arguel* voulurent leur enlever la seconde portion de bois qui leur avait été accordée en 1682 ; l'abbé Mercier, alors desservant de la paroisse, assigna la communauté d'*Arguel* devant les tribunaux, et les sentences des 19 février 1731, 22 janvier et 7 mars 1732, le maintinrent dans ses anciens privilèges. Par jugement contradictoire du 7 janvier 1733, la Table de Marbre confirma ces sentences.

Vingt ans plus tard, en 1753, M. de Bomicourt, maître particulier des eaux et forêts de Picardie, sollicité par les habitants, ne voulut accorder au curé d'*Arguel* qu'une portion de bois. Un procès s'engagea, en mars 1760, entre la communauté d'*Arguel* et le curé. Ce dernier perdit sa seconde portion de bois et dut payer sa part des charges pour avoir la jouissance du droit d'affouage. Il fut en outre condamné aux frais du procès.

La forêt d'Arguel.

« Depuis Ribemont, sur la rivière d'Oise, dans une partie du Vermandois et dans tout le Santerre, jusqu'aux rivières d'Avre et du Don, il reste fort peu de vestiges de forêts, et de là jusqu'à la mer sont beaucoup de portions de bois, restes d'une grande forêt qui était située dans les environs de Fontaine-sur-Selle, dont il est mention dans une charte en faveur de l'église d'Amiens. Nous serions portés à croire que l'ancienne forêt d'*Arguel*, près Aumale, n'est qu'une branche de la forêt dont nous venons de parler. » Ainsi s'exprime Dom Grenier, dans son *Introduction à l'Histoire générale de Picardie,* au sujet de la forêt d'*Arguel*.

Cette forêt, très ancienne, bordait autrefois le Liger et s'étendait depuis Neuville-Coppegueule jusqu'au pied de la montagne d'*Arguel*. Elle couvrait presque entièrement le plateau de Beaucamps et constituait, vers le x° siècle, une grande partie du territoire d'*Arguel*. A cette époque, elle était la propriété des rois de France ; plus tard elle passa aux mains des comtes de Ponthieu, qui la morcelèrent et en firent différentes donations. Nous pensons que l'ancien bois du Vaudier, qui existait il y a quelques années sur le territoire de Beaucamps-le-Vieux, ainsi que les bois du Mazis, de la Commanderie, du Parc, et même le bois de Liomer, dépendaient jadis de cette forêt.

La forêt d'*Arguel*, mentionnée dans divers actes sous le nom de forêt de Mouflers, apparaît pour la première fois vers 1160, dans une charte concernant certains droits d'usage concédés autrefois par Guillaume, comte d'Aumale, à l'abbaye d'Aumale.

La même année, Henri, roi d'Angleterre, à qui appartenait la forêt, confirma ces usages et accorda aux religieux le privilège de se servir de la forêt de Moflers, ou Mouflier, pour toutes leurs nécessités : « Sievam eciam de Mouflers ad quos libet usus necessarios. » Dans la charte donnée à Compiègne, au mois de septembre 1208, et qui traite de la constitution de la dot de Marie de Ponthieu, femme de Simon de Dommartin, comte d'Aumale, existe un accord entre Guillaume, comte de Ponthieu, et Renaud, comte de Boulogne, au sujet de la forêt d'*Arguel* (1). Il est aussi question, dans cet acte, de quelques fiefs sis à Aumale et à *Arguel*.

Une convention passée à Abbeville en mars 1213, entre Philippe-Auguste et Guillaume, comte de Ponthieu et de Montreuil, stipule que la moitié de la forêt d'*Arguel* tournée vers Aumale, appartiendra désormais au roi ; l'autre moitié, située vers *Arguel*, restera au comte de Ponthieu. Chacune des parties s'engagea à souffrir les droits d'usage dus par ses tenanciers, notamment ceux de l'abbaye d'Aumale.

Quelques années plus tard, Philippe-Auguste s'empara par confiscation de la forêt d'*Arguel*, qui dépendait alors du comté d'Aumale.

Par acte consigné au cartulaire normand, ce prince reconnaît que l'abbé et le couvent de Saint-Martin

---

(1) Contentio autem que inter Willelmum, comitem Pontivi et Renoldum, comitem Bolonie, erat supra foresta de Mouflers, et feodis ad Albam Marlam pertinentibus et ad Arguel, sic est sopita, quod Willelmus comes Pontivi et Renoldus comes Bolonie in legitimam proborum virorum inquisicionem compromiserunt, et quod utrique eorum legitima inquisicio dederit, hoc habebit et tenebit, nec de cetero super hoc poterit reclamare.

d'Aumale lui ont abandonné l'usage qu'ils avaient dans la forêt de Mouflers. En échange, Philippe-Auguste leur accorda 120 arpents, mesure royale, à prendre dans le « triage » appelé la « queue de la comtesse ». Il leur donna en toute propriété le fond et la superficie.

En 1307, le 3 avril, le mayeur et les échevins d'*Arguel* avouent que Jean de Châlons, chevalier, sénéchal et garde de la terre de Ponthieu, leur a octroyé la « moictié du profit de 12 journex de bos du comun de la forest d'*Arguel* », afin de les aider à la reconstruction de leur église. Dans ces lettres, il est indiqué « que la grâce que leur a faite le sénéchal de Ponthieu, ne puist être traict en exemple en nul tans à venir ne porter préjudice au seigneur de Ponthieu n'a ses hoirs en nul point ». Ces lettres furent scellées « du propre sceel du commun de la vile d'*Arguel*. »

Dans les confirmations des privilèges aux habitants d'*Arguel* par les rois Charles VIII et Louis XII, les « mayeur et jurez déclarent qu'ils ne prétendoient, ni ne demandoient avoir aucun droit ne usage des bois en la la dite forest d'*Arguel* ne semblablement en aultres lieux que esditz bois aux jurez ».

La forêt d'*Arguel* appartint dans la suite aux rois d'Angleterre, devenus comtes de Ponthieu, puis aux rois de France.

En 1684, elle contenait, d'après un extrait des eaux et forêts de la maîtrise d'Abbeville, publié par M. de Beauvillé, 510 arpents y compris les portions réunies. « Elle est scituée à 1/2 lieue du bourg de Senarpont et en bon fonds. Débit audit lieu et aultres voisins. Cette forest est bien plantée en taillis de Chesnes, hestres et bois blancs de l'âge de 13 à 14 ans, bien venans, avec plusieurs anciens et modernes baliveaux de chesnes et hestres de bonne nature.

« Vente ordinaire d'après l'estat du 25 septembre 1674 : 5 arpens de bois de futaye par chacun an, à commencer en 1680 ».

Bien que les habitants d'*Arguel* ne possédassent aucun droit sur la forêt de ce nom, un acte de l'an IX de la République, 1er floréal, nous apprend que la commune d'*Arguel* fut taxée à la somme de 8,100 fr., « à cause de la forêt d'*Arguel* ». Cet acte est ainsi conçu :

« Nous, maire de la commune d'*Arguel*, certifions le
« relevé ci-dessus, montant à 8,100 fr., pour la cote
« appartenant à la nation, à cause de la forêt d'*Arguel*
« et que les habitants de la dite commune n'ont aucun
« droit de propriété ».

La forêt d'*Arguel* dépendit du territoire de cette commune jusqu'en 1833.

En 1829, le conseil municipal d'*Arguel* fut invité à délibérer sur la réunion projetée de la forêt d'*Arguel* à Neuville-Coppegueule (1). La même année, la commune de Saint-Aubin-Rivière demanda à entrer en possession de cette forêt, moyennant une certaine somme qu'elle s'engageait à verser chaque année à *Arguel*. La commission du cadastre, après avoir examiné la question, s'opposa « au vœu du conseil municipal de Saint-Aubin », et fit signer, le 9 juillet 1833, à Neuilly, au roi Louis-Philippe, une ordonnance qui rattachait à Neuville-Coppegueule la forêt d'*Arguel*, ainsi que 31 journaux de terre dépendant d'*Arguel* et entièrement séparés de son territoire (2).

La superficie de la forêt d'*Arguel* est de 278 hectares 42 ares 72 centiares.

(1) Archives municipales.
(2) Archives municipales.

M. René de Belleval, dans son ouvrage *Les Fiefs et Seigneuries du Ponthieu et du Vimeu*, dit qu' « *Arguel* a eu ses châtelains comme Crécy, c'est à dire les gardiens de sa forêt. Parmi eux nous citerons Guy au Costé (1), 1268 ; Simon de Barbafust (2), 1289 ; Jacques au Costé (3), 1300 ; Simon de Rogehan (4), 1340 », qui est « indiqué comme ayant été le dernier châtelain d'*Arguel* ».

Bois de la Commanderie. — A la forêt d'*Arguel* se rattachait autrefois le bois de la Commanderie, d'une contenance d'environ 60 hectares. Sur la fin du xiiie siècle, ce bois appartenait aux Templiers, qui possédaient une commanderie au village de Saint-Maulvis.

La tradition rapporte que les chevaliers du Temple avaient construit dans ce bois une ferme et une petite église. On retrouve encore aujourd'hui les traces d'un établissement datant de cette époque. Après l'abolition de l'ordre, en 1312, le bois de la Commanderie passa aux Hospitaliers.

(1) Les armes de Guy au Costé étaient : *d'argent à la bande de sable, chargée de 3 alerions d'argent, accompagnée de 6 billettes de sable, 3 en chef, 2 et 1, 3 en pointe posées en bande.*

(2) Simon de Barbafust était le fils de Jean de Barbafust, maieur d'Abbeville en 1246, ses armes portaient : *de gueules au sautoir d'azur chargé de 13 fleurs de lys d'or, accompagné de 4 têtes humaines de même.*

(3) Jacques au Costé fut maieur d'Abbeville dans les années 1280, 1284, 1288, 1300 et 1301.

(4) Simon de Rogehan. Ses armes étaient : *d'argent à 3 fasces de sinople chargées de 6 besans d'or, 3 sur la première, 2 sur la seconde et 1 sur la troisième.* — Un de ses parents, Firmin de Rogehan, était maieur d'Abbeville dans les années 1248, 1252, 1256, 1259, 1266 et 1274.

Eglise d'Arguel.

S'il faut en croire la tradition, *Arguel* possédait avant sa ruine une église magnifique, reconstruite au commencement du xiv° siècle sur l'emplacement d'une église beaucoup plus petite et très ancienne. Cette église était dédiée à saint Maclou ou saint Malo, que l'on invoquait spécialement en ce lieu pour les clous.

Nous avons cité plus haut, au sujet de la forêt d'*Arguel*, un document prouvant que l'église d'*Arguel* fut réédifiée un siècle avant la destruction de ce pays. Le 3 avril 1307, le sénéchal de Ponthieu accorda aux habitants d'*Arguel* le profit de six journaux de bois pour les aider à la reconstruction de leur église.

La chapelle qui existe actuellement, et qui occupe probablement la place de l'ancienne église, n'a rien de remarquable. Elle a à peine dix mètres de long sur six de large et remonte au commencement du xvi° siècle. Le clocher, très petit, renferme une clochette portant une inscription qui rappelle qu'elle fut bénite en 1698.

L'intérieur est orné de quelques statues, et on y voit un tableau représentant la *Décollation de saint Jean-Baptiste,* patron de la paroisse.

Autrefois, il y avait un *Saint Martin* vêtu en cavalier de l'époque Louis XV, habit vert découpé à la française, épaulettes, grosses bottes, et ayant pour coiffure un magnifique claque.

Pour l'entretien de l'église on vendait, au siècle dernier, une moyenne de 150 à 180 verges de bois par an. Il revenait à l'église six fois plus de bois qu'au particulier qui possédait le droit d'affouage.

L'église d'*Arguel* fut complétement restaurée en 1770;

elle menaçait alors ruine, et les habitants d'*Arguel* adressèrent, le 11 novembre de cette année, une supplique à l'intendant des finances du roi, Mᵍʳ Moreau de Beaumont, à l'effet d'obtenir la permission d'abattre dans le bois du Forestel un certain nombre d'arbres au-dessus de quarante ans.

Henri Ternisien fut constitué procureur général et spécial pour la communauté d'*Arguel*, afin de faire toutes diligences pour mener à bien cette affaire (1).

M. Darsy dit que l'abbaye de Selincourt avait une branche de dîme sur le terroir d'*Arguel* produisant 60 livres ; aussi l'abbaye devait-elle contribuer pour la moitié dans les réparations du chœur de l'église d'*Arguel*.

La cure d'*Arguel* avait, avant la Révolution, pour patron le personnat de Liomer, qui était à la collation de l'évêque d'Amiens (2). Autrefois, du doyenné d'Airaines.

Avant 1402, il existait à *Arguel* un personnat qui dépendait de l'évêque du diocèse depuis 1209, époque à laquelle Hugues de Haudrechy, du consentement de sa mère, Mathilde, et de son oncle, Anscher d'Offignies, renonça par serment, au profit de l'évêque d'Amiens, Richard de Gerberoy (3), à certains droits qu'il prétendait avoir au personnat d'*Arguel* et de Liomer (4) (février 1209).

Le revenu de l'église d'*Arguel* était de 300 livres ; il s'éleva à 350 et même à 486 livres, ainsi qu'on le voit

---

(1) Alcius Ledieu, *La Vallée du Liger et ses environs*.
(2) *Pouillé général contenant les bénéfices de l'Archevesché de Rheims et des diocèses de Châlons, Amiens*, etc... Paris, 1648.
(3) Richard de Gerberoy, évêque d'Amiens, de 1204 à 1210.
(4) Darsy, *Bénéfices de l'Église d'Amiens*.

par la déclaration faite par le curé le 7 juin 1728 (1).

Par décret du 9 mai 1859, l'église d'*Arguel* fut érigée en chapelle de secours et rattachée à la paroisse de Villers-Campsart. Elle est aujourd'hui desservie par le curé de cette paroisse, et administrée par la fabrique de Saint-Aubin-Rivière.

Curés. — Hugues, curé d'*Arguel,* mentionné dans la bulle du Pape Luce III ; Boinet, 1625 ; Hodencq Josse, 1625-1642 ; Charles de Gueschart, 1642-1671 ; Henri Langlois, 1671-1680 ; Lefebvre, 1680-1707 ; Mercier Alexandre, 1723 à 1768, décédé le 30 mai 1768, âgé de 80 ans.

Il fut inhumé dans le chœur de l'église d'*Arguel*. A sa mort, les scellés furent apposés à la maison presbytérale ; il s'y trouvait cinquante et un cahiers contenant les actes de baptêmes, de mariages et de décès ; ils furent confiés provisoirement au greffier du bailliage d'*Arguel*, parce qu'il ne se trouvait dans l'église de ce village ni coffre, ni lieu fermé où ils eussent pu être mis en sûreté (2). Ces cahiers comprenaient les années 1660 à 1768.

Poulthier, 1768-1781 ; Diflot, 1781-1792, qui fut le dernier curé d'*Arguel*.

Cimetière. — Le cimetière d'*Arguel* se trouvait autrefois autour de l'église. Le 13 juin 1869, une délibération du conseil municipal vota le transfert de ce cimetière sur un terrain communal, « sis au nord du jardin de l'instituteur ». L'ouverture du nouveau cimetière eut lieu sur la fin de 1870.

(1) Alcius LEDIEU, *La Vallée du Liger et ses environs.*
(2) Arch. départ., B. 674.

La terre et seigneurie d'Arguel.

La terre d'*Arguel*, ainsi que nous l'avons vu au commencement de cet ouvrage, appartenait primitivement aux rois de France, qui la conservèrent jusqu'à la fin du xiie siècle.

Le 20 août 1195, Philippe-Auguste donna la terre d'*Arguel* et ses dépendances à sa sœur Alix de France, qui épousait Guillaume III, comte de Ponthieu et de Montreuil.

Le contrat, passé à Meudon, stipulait toutefois que Philippe pourrait reprendre cette terre dans les trois mois qui suivraient le mariage, moyennant 5,000 marcs d'argent qu'il « baillerait en récompense au dit comte de Ponthieu » (1).

En 1202, Guillaume III rendit hommage de sa terre à Philippe-Auguste, qui se trouvait à *Arguel*.

Le comte Guillaume embellit *Arguel,* y fit exécuter de nombreux travaux et construisit aux environs des

---

(1) Philippus Dei gratia Francorum rex, noverint universi ad quos litteræ præsentes pervenerint quos nos sororem nostram Aalem dilecto nostro Comiti Pontivi damus in uxorem, et cum ea in maritagio Comitatum Augi et Archas : ita tamen quod si vellemus re habere postquam terram illam habebimus infra tres menses, daremus ei quinque mille Markas argenti, ad pondus trecense.

Idem vero Comes dat in dotalitium sorori nostræ Ruam et Doullens cum omnibus pertinentiis tam in feodis quam in Dominiis. Quod ut firmum sit et stabile, præsentem paginam sigilli nostri munimine, auctoritate firmari præcepimus. Actum Medunte mense Augusto, anno millesimo centesimo nonagesimo quinto.

routes, des chemins dont un, la *Voie-Guillaume*, subsiste encore.

Il mourut en 1224, à Abbeville, et fut enterré en l'église de Notre-Dame de Balance.

De son mariage avec Alix de France il eut une fille unique, Marie, qui épousa, en 1208, Simon de Dammartin, comte d'Aumale, fils puîné d'Albéric de Dammartin. Simon ayant embrassé la cause de son frère Renaud, comte de Boulogne, ennemi du roi, perdit toutes les terres qu'il possédait du chef de sa femme. Ces biens lui furent rendus en 1225, moyennant l'abandon du château de Doullens et de la ville de Saint-Riquier, avec leurs dépendances. Simon mourut à Abbeville, le 21 septembre 1239, et reçut sa sépulture à l'abbaye de Valloires « de l'ordre de Saint-Bernard ».

En 1243, sa veuve épousa en secondes noces Mathieu de Montmorency, fils de Mathieu et de Gertrude de Nesle. Mathieu de Montmorency mourut en 1250.

La comtesse Marie eut, de son union avec Simon, trois filles : Jeanne, qui épousa Ferdinand de Castille ; Marie, alliée à Jean II de Pierrefonds, et Philippe, mariée en troisièmes noces à Othon III, dit le Boîteux, comte de Gueldres et de Limbourg. Philippe apporta en dot à Othon la seigneurie d'*Arguel*. Son fils, Renaud de Gueldres, vendit cette terre au roi d'Angleterre, comte de Ponthieu par sa femme (5 février 1282).

A partir de cette époque, le château et la terre d'*Arguel* furent définitivement réunis au Ponthieu, « dont ils partagèrent les vicissitudes ».

Il existait à *Arguel* plusieurs fiefs qui relevaient la plupart des comtes de Ponthieu.

Ces fiefs étaient :

1° Le fief d'*Arguel* proprement dit, qui comprenait le château et ses dépendances.

2° Le fief de Rumetz, assis à *Arguel,* et tenu dès comtes de Ponthieu. Du fief de Rumetz dépendait un autre fief qui se composait de 51 journaux de terre et appartenait, en 1703, au sieur Le Blond (1).

3° Le fief de Selincourt, qui consistait en 15 livres de censives.

4° Le fief des Célestins d'Amiens, situé à *Arguel,* près de Haute-Neuville. Sa contenance était de 3 journaux 1/2 de terre.

5° Le fief de la Léproserie, au lieudit : le *Parc-aux-Vaches.*

6° Le fief de la Gorgue.

Il y avait en outre, à *Arguel,* un fief relevant de la seigneurie de Saint-Aubin-Rivière.

Fief d'Arguel. — Le fief d'*Arguel* et son château appartenaient en propre aux comtes de Ponthieu, qui en avaient confié la garde à une puissante famille dont les membres se firent remarquer par leur bravoure en Palestine et à Bouvines.

Le plus ancien nom connu de cette famille, qui prit le nom de d'*Arguel,* est Renouard ou Robert d'Arguel, mentionné dans l'ouvrage de Gabriel du Moulin, *Histoire de Normandie,* comme ayant suivi Godefroy de Bouillon à la première croisade. Ce Renouard d'Arguel semble être celui qui construisit la forteresse d'*Arguel.*

Ses armes étaient : *d'argent à 3 fasces d'azur.*

Un de ses descendants, Foulques d'Arguel, qui vivait vers le milieu du xii° siècle, épousa Adélaïde Tyrel de Poix, fille de Hugues Tyrel I°', dame de Bettembos, Bergicourt, Éplessier.

---

(1) *Topogr.*, t. 194, p. 121, par Dom Grenier.

L'absence de documents ne nous permet pas d'établir la généalogie complète de ces seigneurs ; nous nous bornerons à citer quelques noms.

Étienne et Fulbert d'Arguel paraissent dans la bulle du Pape Luce III, concernant la Maladrerie d'*Arguel* (fin du xiie siècle). Jean d'Arguel, chevalier, figure comme témoin dans une charte de donation en faveur de cette léproserie (1225).

Guillaume d'Arguel, avec cinq de ses compagnons, donne quittance à Guillaume de Milly et à Jouffroy Coquatrix de 52 livres tournois pour leur service en Flandre. (Arras, 10 septembre 1302.)

La même année, le 20 octobre, Drohe d'Arguel (probablement Drogon), écuyer, confesse avoir reçu de Guillaume de Milly 24 livres tournois pour son service en Flandre ; sur le sceau en cire brune se voit un écu seul portant une *croix potencée, cantonnée de 4 tourteaux* (1).

Geoffroy d'Arguel, chevalier, vivait vers 1344.

Baudoin d'Arguel, mentionné parmi les écuyers de la compagnie de Waleran de Raineval (1369).

Glée d'Arguel, écuyer, vivait vers 1370 ; son sceau portait un *soleil à 6 raies ondulées.*

Colard d'Arguel possédait un tenement à Abbeville en 1447 (2).

Il est plus que probable que la famille d'Arguel disparut de ce pays au commencement du xve siècle, à l'époque de la ruine d'*Arguel.*

Nous trouvons dans la suite, comme possesseurs du fief d'*Arguel :*

---

(1) *Trésor généalogique de Picardie*, par un Gentilhomme picard.

(2) Alcius Ledieu, *La vallée du Liger et ses environs.*

Oudard du Biez, chevalier, qui fournit un aveu au roi concernant la terre d'*Arguel* (30 avril 1523).

Vespasien de Chantelou, écuyer, sieur d'Arguel, qui vivait en 1619.

Fief de Rumetz. — Le fief de Rumetz, situé à *Arguel,* et contigu au fief de ce nom, dont il relevait, consistait en 52 journaux de terre et 42 livres de censives (1). Ses mouvances étaient considérables et s'étendaient sur plus de 800 journaux de terre. Le possesseur avait le droit de justice vicomtière ou moyenne justice.

Radulphe ou Raoul Haterel, cité dans la bulle du Pape Luce III, en faveur de la maladrerie d'*Arguel,* était propriétaire du fief de Rumetz en 1182.

Il laissa comme héritier Hugues Hasterel, chevalier, qui vivait vers 1202. Son fils, Guillaume Hasterel, était seigneur de Rumetz en 1236.

Un de ses descendants, Guillaume ou Gilles Hasterel, seigneur de Rumetz, servit un aveu au roi, le 5 janvier 1377, pour son fief assis à *Arguel* (2); le même jour, il fournit un autre aveu pour son manoir de Fresnoy.

Le 7 mars 1377, Baudoin le Marié fournit également un aveu au roi pour une partie du fief de Rumetz (3).

La terre de Rumetz passa dans la famille de Donqueur vers 1450, par le mariage de Jeanne Hasterel, veuve d'Eustache de Merélessart, avec Jean de Donqueur, écuyer, seigneur de Galametz, La Ferrière, Vitz-sur-Authie. Jean de Donqueur était fils de Guillaume et de Marie de Bailleul. Les 16 juin 1449 et 16 juin 1451, il constitua une rente au profit de Jean le Pelle, bourgeois

---

(1) M. de Belleval, *Les Fiefs et Seigneuries du Ponthieu.*
(2) Dom Grenier.
(3) D. Grenier et M. de la Gorgue.

d'Abbeville, qui lui acheta son fief de Rumetz le 27 octobre 1452.

Les armes de Jean de Donqueur étaient : *d'or au chevron de gueules.*

Jean le Pelle, seigneur de Longuemort, Bettencourt-Rivière, Guebienfay, Franqueville, etc., épousa Aélips du Maisniel, dont il n'eut point d'enfants.

Par testament en date de 1480, il laissa le fief de Rumetz à son neveu, Jean le Canu.

Jean le Canu eut un fils, Robert le Canu, bourgeois d'Abbeville, seigneur de Rumetz et des Rivières. Robert le Canu vivait en 1535. De son mariage avec Anne Ferache, dame de Guisancourt, il eut six enfants, dont : 1° Jean, qui suit; 2° Madeleine, femme de Christophe de Blottefière; 3° Jeanne, épouse de Jacques, seigneur du fief de la Gorgue, à *Arguel,* et plus tard héritière de son frère Jean pour un quint de Rumetz; 4° Roberte, alliée à Mathieu Mourette, garde du scel de Ponthieu ; 5° Michelle, mariée à Nicolas Warré ; 6° Périne, femme de Jean des Camps, maieur de Rue.

Jean le Canu, seigneur de Rumetz, ne laissa aucune postérité.

Le fief de Rumetz passa à sa sœur Madeleine, épouse de Christophe de Blottefière.

Les armes des le Canu étaient : *d'argent à 3 fasces d'homme, 2 et 1.*

Christophe de Blottefière, écuyer, seigneur du Cardonnoy, la Haye, devint maieur d'Abbeville en 1537, échevin en 1564, garde du scel de Ponthieu en 1534 et 1535. De son union avec Madeleine le Canu naquirent Maximilien, qui suit, et Jeanne, épouse d'Alexandre d'Ippre, écuyer.

Maximilien de Blottefière, écuyer, seigneur de Rumetz, la Haye, la Cardonnoy, épousa, par contrat du

22 juillet 1573, Anne de Quevauvillers, fille de Jacques et d'Isabeau Descaules.

Anne de Quevauvillers lui donna un fils, André de Blottefière, qui s'allia à Jeanne Cornu, fille de François, seigneur de Beaucamps-le-Vieux, et d'Anne de Lauzeray. Trois enfants naquirent de ce mariage : François, qui suit ; Françoise, religieuse à Épagne ; Isabeau, femme d'Antoine de l'Épine.

François de Blottefière, écuyer, seigneur de Rumetz, la Haye, le Cardonnoy, vivait vers 1635.

De son alliance avec Michelle de Lisques, il eut Claude, mort sans postérité, et Jeanne, alliée à Gérard de Sarcus.

Les armes des de Blottefière étaient : *écartelé aux 1 et 4 d'or à 3 chevrons de sable, aux 2 et 3 d'argent, à 6 fusées de sable posées en bande.* Supports et cimier : *des lions.*

Gérard de Sarcus, chevalier, seigneur de Courcelles-sous-Moyencourt, Lentilly, Ronssoy, naquit le 16 février 1629, et épousa, le 19 décembre 1655, Jeanne de Blottefière, qui lui apporta en dot le fief de Rumetz. Il mourut en 1668. La même année, le 3 août, sa femme fit le relief de Rumetz. Gérard de Sarcus laissa douze enfants, dont François-Gérard qui hérita du fief de Rumetz.

François-Gérard de Sarcus naquit le 4 octobre 1658, et se maria, par contrat du 13 octobre 1682, avec Catherine du Chastellet, fille de François, seigneur de Moyencourt, et de Catherine de Presteval. De cette alliance naquirent huit enfants, dont Éléonor-Maximilien, qui hérita du fief de Rumetz.

Éléonor-Maximilien, marquis de Sarcus, naquit en 1696, et épousa, par contrat du 19 septembre 1721, Marie-Françoise Roger de Boislévêque. Le 25 août 1764, il vendit la terre de Rumetz à Henri Ternisien pour la somme de 8,192 livres.

Maximilien de Sarcus mourut le 13 janvier 1768.

Armes : *de gueules, au sautoir d'argent, accompagné de quatre molettes du même.*

Henri Ternisien, chevalier, seigneur de Fresnoy-Andainville, Russelin, Fontaine, Saint-Blimond, se maria le 8 février 1767, avec Marie-Françoise d'Arundel.

De cette union naquirent plusieurs enfants, dont Henri-Grégoire, qui suit ; François-Philippe-Édouard, né à *Arguel*, le 29 janvier 1770. Ce dernier mourut à Alstrowecler, village d'Allemagne, sous Landau et Spire (1). (6 août 1792).

Henri Ternisien fut inhumé le 29 mars 1778 dans la chapelle seigneuriale de Fresnoy-Andainville.

Henri-Grégoire Ternisien fut le dernier seigneur de Rumetz ; il naquit le 3 septembre 1768, et de son mariage avec Marie-Madeleine Louvel, il n'eut qu'un fils, Henri-Charles-Évariste Ternisien.

Armes : *d'argent à 3 fleurs de lys au pied coupé de gueules et 3 étoiles de même entremêlées.*

(1) État-civil d'*Arguel*.

Maires d'Arguel.

MM.
Pierre-Firmin SANNIER .... 1793-1804.
Jean-Baptiste LEFÈVRE .... 1804-1809.
Antoine MICHEL .... 1809-1825.
Henri DE TERNISIEN .... 1825-1830.
François LEFÈVRE .... 1830-1845.
Félix-Augustin VILLERELLE ...... 1845-1866.
Jules VILLERELLE .... 1866-1881.
  (décédé à Jérusalem, le 22 janvier 1895,
  dans l'ordre des Augustins de l'Assomption.)
Irénée TOURNEUR .... depuis 1881.

PIÈCES JUSTIFICATIVES

Charta qua Pipinus, major domus, multa prædia monasterio sancti Dyonisii injuste ablata et visis instrumentis, in placito restituta, confirmat (circa 751).

Summa cura et maxima sollicitudo debet esse principum ut ea quæ a sacerdotibus pro oportunitate ecclesiarum Dei fuerint postulata, solerter perspicere et congrua vel oportuna eis beneficia non denegare, sed ea quæ pro Dei sunt intuitu, ad effectum in Dei nomene mancipare. Igitur inluster vir *(vir illuster)* Pippinus majorim *(major)* domus, omnibus episcopis, abbatibus, ducibus, comitibus, domesticis, grafionibus, vegariis, centenariis vel omnes missos discurrentes *(omnibus, missis, discurrentibus)*, seu quacumque judicaria potestate preditis. Cognuscat utilitas seu magnitudo vestra *(quod)* venerabilis vir Fulradus (1), abba de monastyrio peculariis patronis, nostri sancti Dyunisii martyris, ubi ipse preciosus domnus *(dominus)* in corpore requiescit, missa peticione per monachos de ipso cœnubio, seu per agentes de villabus ipsius sancti, nobis suggessit, dicens eo quod rebus ipsius sancti Dionysii quæ a longo tempore tam ex munificencia regum, quam et a christianis vel Deo timentibus et bonis hominibus conlatas vel donatas *(collate vel donate)* fuerunt, a pravis seu malis hominibus per iniqua cupiditate *(iniquam cupiditatem)*, seu malo ingenio, vel tepiditate abbatorum, vel neglecto *(neglectu)* judicum, de ipsa sancta casa abstractas *(abstractæ)* vel dismanatas *(dismanate)* fuerunt, unde et ipsi monachi, vel ipsi agentes, una cum preceptiones

---

(1) Fulrade, abbé de Saint-Denis, de 750 à 784.

(preceptionibus) regum vel reliqua strumenta *(reliquis instrumentis)* cartarum, de ipsas res *(de ipsis rebus)*, in palacio nostro ante nos vel proceres seu ducibus nostris *(duces nostros)* per plures vicibus advenerunt et in rationis *(rationes)*, una cum plures *(pluribus)*, hominibus qui ipsas res malo ordine tenebant, ante nos adstiterunt, et nos pro reverencia ipsius sancti Diunysii martyris, vel pro amore Dei, ipsas cartas delegenter relegere rogavimus, et ubicumque eorum justicia *(justiciam)* invinimus *(invenimus)* sicut proceres nostri seu comitis *(comites)* palacii nostri, vel reliqui legis doctores judicaverunt, pro conpendio ad ipsa casa *(ipsam casam)* in luminaribus ipsius sancti, vel pro stipendia *(stipendiis)* ad ipsos fratres, vel susceptione *(susceptionem)* pauperum et peregrinorum, ipsas res, sicut diximus, ubi eorum justicia *(justiciam)* invinimus, eis reddidimus. Et missus *(missos)* nostros Guichingo et Chlodione *(Guichindum et Chlodionem)*, ad eorum peticione *(petitionem)*, per diversos pagos una cum ipsa instrumenta *(ipsis instrumentis)* ad hos inquirendum vel investigandum dixerimus, ut ubicumque eorum justicia *(justiciam)* invenissent, vel ipsi monachi vel ipsi a gentes legitima strumenta presentabant, vel casa sancti Diunysii exinde vestita fuerat, vel a bonis et Deo timentes *(Deum timentibus)* hominibus ibidem datas *(date)* vel conlatas *(collate)* fuerunt et ipsa casa legitime et racionabiliter per lege *(legem)* exinde vestita fuerat et postea per iniquo ingenio *(iniquum ingenium)* de ipsa casa abstractas fuerant *(abstractæ fuerunt)* eis reddere deberent, quod ita et fecerunt. Id sunt per diversis pagis *(Id est per diversos pagos)* loca denominata : in pago Fanmateuse *(Farmateuse)* cella qui dicitur Cruce *(Crux)* qui aspicit ad fisco Solemnio *(fiscum Solemnii)*, quem domnus Childebertus quondam rex ad casa sancti Diunisii per sua preceptione *(casa sancti Diunisii per suam preceptionem)* concessit, similiter in pago Bragobanto, loca nuncupantes Scancia et Cambrione *(nuncupata Scancia et Cambrio)*; similiter in pago Briegio, loca nuncupante *(nuncupata)* Linariolas ; similiter in pago Melciano, loca cognominantes Nartiliaco et Coconiaco ; similiter in pago Belloacense..........

Similiter in pago Vimnao *(Vimmaco)*, loca cognoninantes *(cognominata)* Marca, Malcha, Mlachis (1), Avisnas (2), Rodeno, Rodalcha, Sodicolas, Vidriaco (3), Horona (4), Arcas (5); similiter in pago Ambianense, loca qui *(quæ)* dicuntur Pisciaco (6) *(Pisciacus)* et Adsulto *(Adsultus)*; seu diversa loca per diversos pagos tam majora quam et minora, quod per singola nomenare non fuit necessarium, unde ipsa casa ad presens vestita esse videtur; ita ut sicut ab ipsis inventum vel investigatum fuit, et ipsas res ipsi monachi vel ipsi agentes partibus sancti Diunisii receperunt, deinceps et in postmodum ad hodiernum diem *(hodierna die)* ipsa sancta casa vel ipsi monachi seu agentes eorum œvis et futuris temporibus habeant evindicatas, atque elidegatas. Unde et ipsi *(ipse)* jam dictus Fulradus abba, seu et ipsi monachi de ipso sancto cœnubio qui in ipsa sancta casa conversare *(conversari)* vel vitam degere videntur, nobis *(a nobis)* petierunt ut pro futuris temporibus preceptione nostra, manu nostra firmata, ex inde eis ad firmare deberemus; quod ita et fecimus *(quod ita fecimus)* ut sicut constat quod ipsas res per legem et justiciam in palacio nostro evindegaverunt *(evindicaverunt)* vel reciperunt ut tam ipsi *(ipse)* abba quam et successores sui, omni tempore pro compendio, sicut superius insertum est, ad ipsa sancta casa *(ipsam sanctam casam)* ad luminaria procuranda seu vestimenta monachorum vel reliqua conpemdia, seu susceptionem pauperum et peregrinorum, habeant evindegatas *(evindicatas)* atque elidegatas, et ut eis *(eos)* semper melius delectet pro nos vel filios nostros *(nobis et filiis nostris)* seu pro stabilitate regni Francorum, die noctu que incessabiliter orare vel Domini misericordia *(misericordiam)* deprecare *(deprecari)*, et sicut nobis promiserunt, per singulos dies nomen nostrum tam in missas

---

(1) Probablement *Le Mazis.*
(2) *Avesnes*, canton d'Oisemont.
(3) Peut-être *Vraignes*, canton d'Hornoy.
(4) Horona : *Hornoy.*
(5) Arcas : *Arguel.*
(6) *Poix*, chef-lieu de canton (Somme).

(missis), quam et in peculiares *(peculiaribus)* eorum oracionibus, ad sepulchrum ipsius sancti Diunisii debeant recitare : si adhuc inantea eorum justicia *(justiciam)* invenire potueremus, eis libente *(libenti)* animo reddere volumus. Et ut hæc auctoritas vel preceptio nostra, quod nobis *(a nobis)* postulaverunt, circa ipsa sancta casa *(ipsam sanctam casam)* proficiat et œvis et futuris temporibus inconvulsa vel firma debeat permanere, manu propria subterfirmavimus et anuli nostri impressione signavimus.

Signum † inlustri viro Pippino majorim domus.

Illustribus vir Pipini majoris domus (1).

Locus Sigilli.

(1) *Diplomata, chartæ epistolæ. Leges, aliaque instrumenta ad res Gallo-Francicas spectantia*, par DE BRÉQUIGNY.
Cette charte se trouve également dans les pièces justificatives de l'*Histoire de l'abbaye de Saint-Denis*, par Dom Michel FÉLIBIEN, religieux bénédictin (1706).

Caroli Magni præceptum quo varia Monasterii Dyonysiani bona sub Pippino Rege recuperata, eidem monasterio confirmat. — Ann. 775.

Carolus gratia Dei rex Francorum et Langobardorum, omnibus episcopis, abbatibus, Ducibus comitis, Domesticis, graffionibus, vicariis, centenariis, vel omnes missos nostros discurrentes, vel quibuslibet judicaria potestate prœditis. Summa cura et sollicitudo debet esse regum ut ea quæ a sacerdotibus pro oportunitate Ecclesiarum Dei fuerint postulata, solerter perspicere, et congrua vel oportuna eis beneficia non denegare, sed ea quæ pro Dei sunt intuitu ad effectum in Dei nomine mancipare. Igitur cognoscat magnitudo seu utilitas vestra, quia venerabilis vir Fulradus abba ex monasterio peculiaris patronis nostri sancti Diunisii martyris, ubi ipse preciosus domnus corpore requiescit clementiæ regni nostri suggessit, et prœceptionem domni et genitoris nostri Pippini quondam Regis nobis ostendedit relegendam, ubi contenebatur insertum de rebus sancti Diunisii, quæ a longo tempore tam ex munificentia regum quam et a Christianis vel Deo timentibus et bonis hominibus conlatas vel donatas fuerunt, a pravis seu malis hominibus per iniqua cupiditate seu malo ingenio vel tepiditate abbatorum seu neglecto judicum de ipsa casa abstractas vel dismanatas fuerunt. Unde et ipsi monachi vel ipsi agentes una cum præceptiones regum vel reliqua strumenta cartarum de ipsas res in Palatio ante genitore nostro seu ejus ducibus per plures vicibus advenerunt in rationes una cum plures hominibus, qui ipsas res malo ordine tenebant; et genitor noster pro reverentia ipsius sancti Diunisii martyris, vel pro ipso amore Dei, eorum cartas diligenter relegere rogavit, et missos suos Wichingo et Ludione ad eorum petitione per diversos pagos una cum ipsa instrumenta ad hoc inquirendum vel investigandum direxit, ut ubicumque eorum justicia invenirent, vel ipsi monachi et ipsi agentes legitima strumenta prœsentabant, vel casa sancti Diunisii exinde vestita fuerat, seu a bonis Deo timentibus hominibus ibidem datas vel conlatas fuerunt, et ipsa casa legitime et rationabiliter per lege exinde vestita fuerat, et postea per iniquo ingenio de ipsa casa abstractas fuerant, eis reddere deberent quod ita et fecerunt. Id sunt per diversis pagis loca denominata, in pago Fanmartense cella qui dicitur Cruce, qui aspicit ad fisco Solemnio, quem domnus Hildbertus quondam rex ad casa Sancti Diunisii per sua præceptione concessit et Avisinas quem vassus genitoris nostri tenuit ; similiter in pago, etc...

Similiter in pago Vimnau loca cognominantes Marca, Malcha, Malchis et Avisnas ; Rodeno Rodalca, Sodicola, Vidriaco, Horona, *Arcas*..... Seu diversa loca per diversos pagos, tam majora quam et minora, quod per singula nominare non fuit necessarium, unde ipsa casa ad præsens vestita esse videtur, ita ut, sicut ab ipsis inventum que vel investigatum fuit, et ipsas res ipsi monachi vel ipsi agentes partibus sancti Diunisii receperunt, deinceps in post modum ab hodiernum die ipsa casa Dei vel ipsi monachi seu agentes eorum evis et futuris temporibus habiant evindicatas atque elidicatas. Unde et ipse jam dictus Fulradus abba seu et ipsi monachi de ipso sancto Cœnubio, qui in ipsa casa Dei conversare vel vitam degere videntur, nobis petierunt ut denno circa ipsis pro futuris temporibus præceptione nostra manu nostra firmata ex inde eis adfirmare deberemus ; quod ita et fecimus, ut sicut constat quod ipsas res per legem et justitiam in Palatio ante genitore nostro evindicaverunt vel receperunt, ut tam ipse abba quam et sui successores omni tempore pro conpendio (sicut superius insertum est), ad ipsa sancta casa ad luminaria procuranda, seu vestimenta monachorum vel reliqua conpendia seu susceptionem pauperum et perigrinorum habiant evindicatas atque elidicatas, ut eis semper melius delectet pro nobis vel filios nostros se pro stabilitate regni Francorum die noctuque incessabiliter orare, vel Domini misericordia deprecare; et (sicut nobis promiserunt) per singulos dies nomen nostrum tam in missas, quam et in peculiares eorum orationibus ad sepulcrum sancti Dionisii debeant recitare, si adhuc inantea eorum justitia invenire potuerimus, eis libenti animo reddere valemus. Et ut hœc auctoritas vel prœceptio nostra quod nobis postulaverunt circa ipsa casa Dei proficiat, et evis et futuris temporibus inconvulsa et firma debeat permanere, manu propria subter firmavinius et anuli nostri impressione signavimus.

Signum Caroli gloriossisimi Regis.

Wigbaldus ad vicem Hiterii recognovi et suscripsi.

Data sexto Kal. Julias, anno septimo et secundo regni nostri.

Actum Carisiago (1) Palatio publico Dei nomine feliciter (2).

(1) Querzy-sur-Oise (Aisne).
(2) *Historiens de France,* t. V, page 734.

TABLE

	Page
Arguel; sa population. — Arguel en 1763. — Productions du pays, etc.	1
Arguel ; étymologie du mot Arguel. — Arguel à l'époque de l'invasion romaine. — Le premier château d'Arguel. — Le château Robert. — Siège d'Arguel. — Destruction de la ville.	6
Arguel après sa ruine. — Bailliage d'Arguel	24
La Commune d'Arguel; son origine. — Élection des maieur et jurés. — Serment des communes aux comtes de Ponthieu. — Confirmation des privilèges aux habitants d'Arguel par les rois Charles VIII et Louis XII	27
Armes de la ville d'Arguel	35
La léproserie d'Arguel	36
Le Bois-aux-Jurés. — Le Forestel	53
La forêt d'Arguel	63
Église d'Arguel	68
La terre et seigneurie d'Arguel	71
Maires d'Arguel	79
Pièces justificatives	81

55273 — Reims, Imprimerie de l'Académie, (N. Monce, dir.), rue Pluche, 24.

www.ingramcontent.com/pod-product-compliance
Lightning Source LLC
LaVergne TN
LVHW050556090426
835512LV00008B/1183